Les 110 propositions

1981-2011

Mediapart
Sous la direction de Laurent Mauduit

Les 110 propositions

1981-2011

Don Quichotte éditions

www.donquichotte-editions.com

ISBN : 978-2-35949-043-5

Ce livre a été conçu et écrit par les journalistes de Mediapart. Ont en particulier collaboré à cet ouvrage :

Stéphane Allies
François Bonnet
Sylvain Bourmeau
Lenaig Bredoux
Michel Deléan
Sophie Dufau
Louise Fessard
Carine Fouteau
Christophe Gueugneau
Michael Hajdenberg
Ludovic Lamant
Mathieu Magnaudeix
Mathilde Mathieu
Laurent Mauduit
Martine Orange
Antoine Perraud
Michel de Pracontal
Pierre Puchot
Philippe Ries
Marine Turchi
Vincent Truffy

Introduction

Avec le programme du Conseil national de la Résistance (CNR), rédigé en 1944, ou encore le Programme commun de la gauche, élaboré en 1972, les « 110 propositions » préparées par le Parti socialiste à la veille de l'élection présidentielle de 1981 constituent une étape majeure dans l'histoire de la gauche et les projets de transformation sociale qu'elle a pu proposer au pays.

Alors que le PS commémore le trentième anniversaire du 10 mai 1981, date fétiche de la première victoire de la gauche sous la Ve République et, surtout, à la veille de l'élection présidentielle de 2012, qui revêt pour le pays une importance particulière face à la régression sarkoziste ou la menace lepéniste, ces « 110 propositions » fonctionnent comme un révélateur : elles qui proposaient d'engager un vaste plan de relance ou encore de nationaliser une bonne partie des grands moyens de production (de la banque jusque dans l'industrie), les voilà, avec trente ans de recul, qui font office de miroir.

Il suffit de les reprendre une à une pour s'en convaincre. Quelles que soient les maladresses, les hypocrisies ou les habiletés qui ont présidé à leur élaboration, quel que soit parfois le galimatias dans lequel elles ont été exprimées, elles portaient une part du rêve qui faisait vibrer ce que l'on appelait alors « le peuple de gauche ». Comme *Les Jours heureux*, titre sous lequel a été publié dans le sud du pays le programme du CNR, faisait vibrer la France résistante à la veille de la Libération.

Dans ces « 110 propositions », il faut donc, aujourd'hui, se replonger. Pour de multiples raisons.

Parce qu'à les relire on mesure à quel point, en trois petites décennies, le monde a radicalement changé. Adieu les politiques de relance ! Au diable les nationalisations, la défense des services publics, le relèvement des minima sociaux, du salaire minimum ! Article par article, on mesure combien l'État a reculé face aux marchés, combien le capitalisme rhénan s'est effacé face au capitalisme anglo-saxon. Combien, aussi, les politiques publiques ont été progressivement émasculées et le modèle social démantelé.

C'est le premier intérêt de ce retour vers les « 110 propositions » : il éclaire le présent. Pour quiconque fait lucidement le va-et-vient entre hier et aujourd'hui, elles font prendre la mesure de l'ascendant que le capital a pris sur le travail, la mesure de la formidable flexibilité et précarité que le monde du travail a subies.

Du même coup, l'effet de miroir que l'on observe au travers de ces « 110 propositions » est encore plus intéressant : il éclaire l'avenir. Alors que la gauche avance vers la présidentielle de 2012 dans une situation inquiétante de division, alors que les socialistes eux-mêmes sont minés par des sensibilités innombrables et tout autant d'ambitions individuelles (contaminés qu'ils sont par le virus du présidentialisme), la plate-forme socialiste a cette autre utilité : même si certaines idées ont vieilli, quand elles ne sont pas devenues franchement obsolètes, les « 110 propositions » permettent de mesurer ce que sont devenus les socialistes. Les rêves que certains continuent de porter, défendant toujours quelques-unes de ces « 110 propositions », même amendées. Ou les renoncements auxquels d'autres ont cédé, quand ce ne sont pas de franches connivences. Car si les socialistes promettaient de changer le monde, c'est trop souvent le monde qui les a changés. S'ils espéraient « changer la vie », c'est au contraire la vie qui, tristement, les a changés.

Comme tout va-et-vient d'une époque à une autre, il nous faut, certes, manier l'exercice avec précaution.

D'abord, ces « 110 propositions », curieux assemblage réalisé à la veille de l'élection présidentielle de 1981, sont très « marquées » par l'époque à laquelle elles ont été rédigées. À la différence d'autres textes fondateurs de l'histoire de la gauche européenne ou de la gauche française, ceux de Karl Marx (dont le célèbre *Manifeste du Parti communiste* écrit en 1848), de Jean Jaurès ou encore de Léon Blum, la plate-forme de 1981 n'a pas cette valeur historique et porte l'empreinte des circonstances de l'époque. On y fleure parfois moins la grande histoire – la victoire du « peuple de gauche » qui se dessine vingt-trois ans après le coup d'État du général de Gaulle, treize ans après Mai 1968 – que la petite histoire : les habiletés de langage de certains proches de François Mitterrand, qui, comme lui, viennent du camp d'en face mais usent avec gourmandise d'une phraséologie marxiste ou marxisante, parce qu'elle garantit alors de formidables effets de tribune ; les accommodements entre les différentes sensibilités et chapelles du Parti socialiste, des partisans de Jean-Pierre Chevènement, tête de proue du Ceres, jusqu'à ceux de Michel Rocard, chef de fils de la deuxième gauche ; les synthèses sans âme dont les socialistes sont coutumiers lors de leurs congrès.

À l'évidence, ces « 110 propositions » sont le produit d'une curieuse compilation. À l'approche du congrès qui devait rassembler les socialistes le 24 janvier 1981, à Créteil, dans le Val-de-Marne, et au cours duquel ils escomptaient introniser leur champion pour l'élection présidentielle et ratifier la plate-forme présentée au pays, François Mitterrand demanda à quelques-uns de ses proches, dont Michel

Charasse (aujourd'hui passé au service du président Sarkozy et devenu membre, à ce titre, du Conseil constitutionnel) et Jacques Attali (passé lui aussi au service du même Sarkozy et président d'une commission qui s'est distinguée par une rafale de propositions ultralibérales) de piocher dans les textes des congrès socialistes des années antérieures ou des résolutions du comité directeur du Parti pour en extraire les propositions les plus pertinentes. Le célèbre programme commun de la gauche, signé le 26 juin 1972, par le Parti socialiste, le Parti communiste et les radicaux de gauche, mais devenu chiffon de papier en septembre 1977, après la rupture de l'Union de la gauche provoquée par Georges Marchais, qui jouait en sous-main la carte de la droite, fut lui aussi mis à contribution.

Quelques propositions furent également tirées du programme de gouvernement du Parti socialiste, adopté en 1972, un an après le congrès d'Épinay, sous le titre « Changer la vie ». Empruntée à Arthur Rimbaud, la formule devint le slogan favori des socialistes tout au long des années soixante-dix.

Il ressort de ces choix un étrange assemblage de trois cent quatre-vingt-treize mesures. Régis Debray s'en mêla à son tour et, finalement, les propositions de la plate-forme passèrent à près de quatre cents. C'est donc ce texte qui fut transmis à un autre proche de François Mitterrand, Pierre Bérégovoy, qui, lors du congrès de Créteil, présida la commission des résolutions. Il ramena ces propositions de quatre cents à cent dix. Dans ces « 110 propositions », on retrouve donc beaucoup des mesures du programme commun, dont sa principale : les nationalisations.

Cette plate-forme fourre-tout fut adoptée à l'unanimité le 24 janvier 1981 par le congrès socialiste de Créteil. Quelques instants auparavant, Pierre Joxe avait annoncé le résultat des votes des militants : François Mitterrand obtint 83,64 % des voix et devint logiquement le candidat des socialistes à l'élection présidentielle. De son côté, Lionel Jospin fut désigné premier secrétaire (initialement par intérim) du PS.

Quand on ouvre de nouveau ces « 110 propositions », on a le sentiment de plonger dans un autre temps de la gauche. Une histoire déjà ancienne, presque dépassée, dont on comprend mal la résonance avec l'actualité présente... La photo du congrès de Créteil a jauni. D'ailleurs, beaucoup de ceux qui y jouaient à la tribune les premiers rôles ont depuis disparu : François Mitterrand, Pierre Bérégovoy, Jean Poperen...

En feuilletant les pages de cet opuscule de 1981, les jeunes d'aujourd'hui, ceux de 2011, dont le cœur bat à gauche (même si trop souvent la gauche les désespère), sont en droit de se poser la question : « Cette histoire-là est-elle encore la nôtre ? Que peut-elle nous apprendre ? »

L'interpellation est d'autant plus légitime que la philosophie politique de ce texte est, elle aussi, pénétrée des considérations de l'époque. Le mur de Berlin est toujours debout. Dans sa confrontation avec le Parti communiste de Georges Marchais – le très stalinien secrétaire général du PCF jugeait le bilan de l'Union soviétique « globalement positif » malgré la répression, le goulag et les hôpitaux psychiatriques spéciaux –, le Parti socialiste défendait au début des années quatre-vingt une philosophie politique qui en permanence balançait entre le socialisme et les libertés, la rupture avec le capitalisme mais la démocratie.

La première proposition donne le ton : « Exigence du retrait de troupes soviétiques de l'Afghanistan. » Si d'entrée les socialistes l'inscrivirent dans leur plate-forme, c'était pour montrer que le modèle de société qu'ils préconisaient n'avait rien à voir avec l'autre modèle, celui qui conduisit à des millions de morts en URSS avant la guerre, aux terribles procès de Moscou et, après la guerre, à l'écrasement dans le sang de tous les soulèvements démocratiques, de Budapest à Prague. Ces « 110 propositions » s'inscrivaient donc dans un contexte historique qui a, depuis, radicalement changé, celui de la confrontation Est-Ouest d'avant l'effondrement du Mur le 9 novembre 1989. En conséquence, les « 110 propositions », qui cherchaient à définir une troisième voix entre impérialisme américain et stalinisme bureaucratique, ont pris un sacré coup de vieux.

Flash-back. Les « 110 propositions » apparaissent presque comme un objet de musée. Le témoignage d'une époque qui d'un coup semble si lointaine... C'était du temps où la jeunesse française découvrait les « stages Barre », s'indignait des « diamants » de Giscard et chantait Bob Dylan et Joan Baez. Un autre temps, vraiment...

En outre, on se rend compte également que la plate-forme renvoie à un monde économique qui a considérablement changé. Même si, heurtant de plein fouet, en 1982-1983, le mur de la contrainte extérieure, les socialistes firent la cruelle expérience de ce que, dans une économie ouverte, les marges de manœuvre sont parfois faibles, il n'en reste pas moins que la mondialisation ne connaissait pas encore l'accélération des années suivantes.

C'est l'autre précaution qu'il faut prendre avant de chercher à mesurer ce qu'il y a encore d'actuel dans cette plate-forme. Au moment où les socialistes élaborèrent ces « 110 propositions », et notamment son volet principal, qui porte sur le plan de relance et les nationalisations, la France disposait encore d'une grande latitude dans la détermination de sa politique économique et sociale. D'abord, parce que l'Euro n'avait pas encore été créé et parce qu'en conséquence tous les leviers de la politique économique n'étaient pas encore sous contrainte, voire même carrément grippés, comme ils le sont aujourd'hui, qu'il s'agisse de la politique fiscale, de la politique budgétaire, de la politique monétaire ou encore de la politique salariale et, plus largement, de la politique des revenus.

Et puis, jouant dans le même sens, les marchés financiers n'avaient pas encore été déréglementés – c'est le socialiste Pierre Bérégovoy qui, en 1984, donna le coup d'envoi de cette réforme ultralibérale. Les marchés n'avaient pas la force qu'ils ont à présent et n'exerçaient pas la même tyrannie sur les politiques économiques. Question de bon sens : avec des grands fonds d'investissement, notamment anglo-saxons, qui contrôlaient 3 à 4 % des grandes entreprises françaises au début des années quatre-vingt, un gouvernement, quel qu'il soit, disposait d'une marge de manœuvre sans commune mesure avec celle d'aujourd'hui, où ces fonds contrôlent plus de 47 % du capital des grandes firmes hexagonales.

Jauni, ce texte l'est aussi dans les propositions qu'il avançait alors pour définir ce que serait la nouvelle politique énergétique de la France. Non pas que la question du nucléaire en soit absente. Tout au long des années soixante-dix, les écologistes commencèrent à sonner le tocsin. La grande manifestation du 31 juillet 1977, à Creys-Malville en Isère, contre le projet Superphénix (nom d'un réacteur d'un type nouveau autorisé un an plus tôt par le gouvernement de Jacques Chirac), marqua les esprits notamment parce qu'elle fut émaillée par des heurts violents causant la mort d'un manifestant. Le PS surfa donc sur cette colère qui grondait, mais resta très prudent en prônant seulement une limitation du programme nucléaire. Or, trente années plus tard, au lendemain de la terrible catastrophe de la centrale de Fukushima au Japon, et vingt-cinq ans après le désastre de Tchernobyl, les termes du débat planétaire sur le nucléaire sont radicalement renouvelés. Le passé n'est, de ce point de vue, d'aucune aide pour discerner le futur.

Un peu poussiéreux, ce texte l'est assurément. Et, en tout cas, il a vieilli beaucoup plus vite que le célèbre programme du Conseil national de la Résistance. Cela n'a rien de très surprenant : en 1944, les résistants énoncèrent des grands principes pour une refondation de la République, principes qui ont gardé une formidable actualité, sinon une formidable jeunesse, dans le contexte de la régression politique de la présidence de Nicolas Sarkozy, tandis qu'en 1981 les socialistes empilèrent des petites et grandes recettes, dont certaines apparaissent aujourd'hui désuètes.

Mais comparaison n'est pas toujours raison. S'il nous fallait faire ce va-et-vient entre 1981 et 2011, en prenant les « 110 propositions » comme point fixe, comme étalon du bilan des socialistes, il fallait aussi le faire avec circonspection. Et honnêteté.

Aussi nous ne pouvions pas ne pas juger les socialistes d'aujourd'hui au regard des promesses qu'ils ont faites hier – au regard de celles qu'ils honorèrent et de celles qu'ils oublièrent, ou bafouèrent. À leur corps défendant, ce sont les socialistes qui nous y invitent. Comme toutes les vieilles familles politiques, ils affectionnent les commémorations et les autocélébrations. Surtout – et c'est là une tout autre affaire –, ils se montrent peu enclins aux exercices d'autocritique. Autrement dit, ils manquent souvent de courage ou de lucidité dans l'examen de leur passé, même récent. Du coup, les politiques qu'ils préconisent pour demain sont, en certains cas, grêlées des ambiguïtés du passé jamais levées.

Cela est vrai des dérives éthiques ou morales qui ont marqué les années Mitterrand, avec la cascade de scandales que l'on sait – de la cellule des écoutes de l'Élysée au délit d'initié de Pechiney-Triangle. Hormis Lionel Jospin et son célèbre « droit d'inventaire » hier, hormis Arnaud Montebourg aujourd'hui, qui, au sein de la famille socialiste, porte un regard critique sur cette époque et sur les dérives auxquelles elles ont conduites ? Peu de monde, en vérité.

Dans un autre domaine, celui de la politique économique, qui, dans les rangs socialistes, porte un regard lucide et serein sur les outrances libérales de la politique économique de ces années quatre-vingt et quatre-vingt-dix ? Convenons-en : pas grand monde non plus. Du tournant de la « rigueur » – mot cache-sexe pour évoquer l'austérité – aux outrances dogmatiques de la politique du « franc fort » qui a fait le lit du chômage, en passant par la désindexation des salaires qui a alimenté la pauvreté, ce bilan embarrasse toujours les socialistes, trente ans après. Il les embarrasse d'autant qu'ils n'ont jamais véritablement assumé ni cherché à englober ce bilan dans une nouvelle vision doctrinale. Eux préfèrent – et ce bilan-là, il faut tout autant les en créditer – rappeler les grandes réformes progressistes qu'ils ont eu le courage de conduire : abolition de la peine de mort, création d'un impôt sur la fortune (ISF), le revenu minimum d'insertion (RMI) ou la couverture maladie universelle (CMU).

Cet aveuglement-là joua tout autant au printemps 2002. Lorsque le candidat socialiste, Lionel Jospin, fut éliminé sans gloire au soir du premier tour de l'élection présidentielle, devancé par le leader de l'extrême droite, Jean-Marie Le Pen, qui a voulu regarder les choses en face ? Peu de monde, il faut bien encore le reconnaître. Et pourtant, c'est peu dire qu'un regard lucide sur le passé est la seule garantie de voir clair pour l'avenir. Éloignés des couches ouvrières et populaires depuis trop longtemps, peu soucieux des couches moyennes (de plus en plus rares) si ce n'est au moment des élections, les socialistes ne prirent aucune alerte au sérieux et ne virent rien venir. Cinq ans plus tôt, après leur victoire aux élections législatives de 1997, ils avaient en effet engagé quelques mesures de gauche. Cependant, en de nombreux domaines, ils poursuivirent une politique économique et sociale libérale. Accélération des privatisations, y compris des autoroutes ou dans les services publics ; baisse scandaleuse du taux supérieur de l'impôt sur le revenu et de la fiscalité sur les stock-options au profit des plus hauts revenus ; flexibilité accrue du travail et rigueur salariale renforcée dans le cadre de la réforme des 35 heures. Il y eut beaucoup de réformes que les couches sociales les plus défavorisées vécurent comme autant d'injustices.

On connaît le résultat : un raz-de-marée en faveur du Front national, qui rafla, pour l'essentiel, des voix ouvrières. Basculement pathétique que Léon Trotsky, dans un contexte historique différent, avait déjà bien décrit dans son recueil d'articles intitulé *Où va la France ?*, avec cette formule qui résonne encore : « Quand le peuple ne trouve pas de solution dans l'espoir révolutionnaire, il peut le chercher dans le désespoir contre-révolutionnaire. » Plus simplement dit, quand la gauche n'assume pas sa mission, celle de la transformation sociale, quand elle reste sourde à la colère sociale et qu'elle ne la canalise pas, alors celle-ci peut emprunter des chemins inquiétants.

Par-delà leurs imperfections, les « 110 propositions » nous permettent de comprendre pourquoi, au cours de ces trente dernières années, les socialistes furent, en certaines circonstances, fidèles à « l'esprit de 1981 » et pourquoi, en d'autres circonstances, ils lui tournèrent le dos. Pourquoi le « peuple de gauche » voulut se rassembler en 1981 pour battre Valéry Giscard d'Estaing, avec l'espoir au cœur, et pourquoi, enfin, ce même « peuple de gauche », ou du moins son aile autrefois motrice – les ouvriers –, la rage au ventre, purent verser vingt et un ans plus tard dans le vote protestataire en faveur de l'extrême droite.

Le « droit d'inventaire », les socialistes en usèrent somme toute assez peu. Même Lionel Jospin, qui avait joué de la célèbre formule pour marquer sa distance avec le bilan de François Mitterrand, n'eut pas la sagesse, l'humilité ou la lucidité de l'appliquer à sa propre personne, lors de sa débâcle en avril 2002.

Le paradoxe, c'est que, si quelques-uns des acteurs du congrès de Créteil, en janvier 1981, sont morts, il en est beaucoup d'autres qui participent toujours à la direction du Parti socialiste. L'immense majorité d'entre eux furent des ministres de François Mitterrand ou figurèrent au nombre de ses collaborateurs. C'est le cas de Laurent Fabius, qui fut Premier ministre, le cas aussi de Martine Aubry et de Dominique Strauss-Kahn, tous deux ministres, le cas enfin de François Hollande ou de Ségolène Royal, qui firent leur premier pas comme chargés de mission à l'Élysée, et de tant d'autres encore.

De ces années-là, les socialistes ont souvent la fâcheuse habitude de commémorer les seuls aspects positifs du bilan, et d'omettre les dérives. Cette habitude-là ne vaut d'ailleurs pas que pour les deux septennats de François Mitterrand ; elle vaut aussi pour les années Jospin. A-t-on entendu Dominique Strauss-Kahn faire son mea culpa pour la baisse honteuse de la fiscalité des stock-options qu'il préconisa alors ? Laurent Fabius a-t-il une seule fois exprimé son regret d'avoir lancé, presque par provocation, en février 2002, en pleine campagne de l'élection présidentielle, la choquante privatisation des autoroutes – privatisation que la droite s'est fait un malin plaisir d'achever quelques mois plus tard ? Les deux socialistes ont-ils fait amende honorable pour avoir mis en chantier – le premier en lançant le projet, le second en l'achevant – une détestable réforme de l'impôt sur le revenu, qui profita d'abord aux plus hauts revenus, le taux supérieur ayant été abaissé ?

Non, ce « droit d'inventaire », que les électeurs exercent par leur vote, que les militants appellent de leurs vœux, les dirigeants n'en usent malheureusement pas. C'est certainement un tort, car il n'est pas de projet enthousiasmant pour l'avenir sans un bilan lucide du passé. Les socialistes ne pourront sortir du présidentialisme, gangrène de la démocratie française qui les a aussi contaminés, s'ils ne dressent pas un bilan honnête des dérives monarchiques de François Mitterrand ou de l'échec démocratique de Lionel Jospin, qui, par l'inversion du calendrier électoral (les législatives suivent désormais la présidentielle), a renforcé les tares du système. Il en va de même pour les questions économiques et sociales : qui peut croire que les socialistes feront demain la « révolution fiscale » promise, s'ils n'assument pas pleinement leurs échecs ? Et s'ils ne regardent pas en face les dérives éthiques ou morales du mitterrandisme, que se passera-t-il ? Hélas, on le devine aisément : ils continueront d'entretenir des liens de camaraderie, même avec des personnalités en réalité infréquentables, tel Georges Frêche, aujourd'hui décédé. Ou encore, ils ne prendront pas les mesures énergiques qui s'imposent quand des affaires de corruption ou d'affairisme éclateront de nouveau, comme c'est le cas aujourd'hui dans les Bouches-du-Rhône.

Ainsi, les « 110 propositions » fonctionnent comme une borne témoin. Certaines, peut-être obsolètes ou dépassées, permettent malgré tout d'exercer ce droit d'inventaire. Surtout, certes confusément, maladroitement, elles portent le formidable espoir d'une époque. L'espoir de renverser le régime gaulliste qui, à l'époque, a si longtemps survécu, même sous la présidence Giscard. L'espoir de mettre fin à ce que François Mitterrand appelait si justement le « coup d'État permanent » – crime contre la démocratie dont il s'est ensuite lui-même rendu coupable.

L'espoir ! C'est peut-être en cela, surtout, que réside la magie de ces « 110 propositions ». Parfois un peu confuses, elles témoignent tout de même de l'attente formidable dans laquelle était le « peuple de gauche ». Avec trente ans de recul, elles portent donc une cascade d'interpellations. Suivant l'exemple de leurs aînés, les socialistes d'aujourd'hui ont-ils pris la mesure de la désespérance sociale qui existe dans le pays ? Veulent-ils vraiment, comme en 1981, et même si le chemin sera forcément différent, engager une « rupture » avec les institutions néo-bonapartistes de la Ve République, pour sortir de la dangereuse nécrose du sarkozisme ?

Puisque les dirigeants socialistes se refusent à l'exercice, nous avons estimé qu'il nous revenait de nous atteler à la tâche. Mettre les choses en perspective, les placer dans leur contexte, donner un sens aux événements, les éclairer : avec l'investigation, c'est l'une des missions de la presse indépendante, telle que nous la concevons.

Pour commémorer à notre façon le trentième anniversaire du 10 mai 1981, porteur de rêves et d'espoirs, pour éclairer le débat de la prochaine échéance électorale, les journalistes de Mediapart ont décidé de tirer le bilan des « 110 propositions » et d'en souligner les enjeux pour la prochaine présidentielle.

Laurent Mauduit

I
La paix :
une France ouverte sur le monde

Défense du droit et solidarité avec les peuples en lutte

1. Exigence du retrait de troupes soviétiques de l'Afghanistan.

Bilan. Le 25 décembre 1979, les troupes soviétiques envahissent l'Afghanistan, au nom d'un traité d'amitié avec le gouvernement fantoche soutenu à bout de bras par Moscou. En quelques mois, 120 000 hommes sont déployés. Au Pakistan, les États-Unis ripostent en armant groupes de résistants et milices islamistes. Un certain Oussama Ben Laden prend la tête d'un « bureau spécial de recrutement » pour combattre les Soviétiques depuis les « zones tribales » pakistanaises, où il se terrerait encore aujourd'hui.

Sur ordre de Gorbatchev, c'est une armée rouge défaite qui se retire dix ans plus tard, en février 1989. La France n'y est pour rien : l'Afghanistan est devenu le Vietnam d'une URSS en pleine décomposition. Le coût humain est terrible : 12 000 morts et 55 000 blessés chez les Soviétiques. Au total, 900 000 soldats sont passés par l'Afghanistan.

En France, l'intervention soviétique déclenche une crise profonde au sein du Parti communiste. Le soutien à l'invasion, apporté par son secrétaire général Georges Marchais en janvier 1980, alors même qu'il se trouve à Moscou, marque le début d'une contestation ouverte dans un parti qui va désormais enchaîner les crises.

Enjeu. Trente ans plus tard, environ 140 000 soldats d'armées étrangères (dont 1 400 Français) guerroient toujours en Afghanistan. Ce nouveau conflit, mené cette fois par l'Otan et les États-Unis contre les talibans et le terrorisme d'Al Qaïda, est entré dans sa dixième année. Pour quels résultats ? Aucun : pays dévasté, pouvoir construit sur la fraude électorale, corruption massive, production de drogue record. Aucun des objectifs initialement avancés par la coalition – à l'exception de la chute du régime taliban – n'a été atteint.

Le PS demande-t-il pour autant un « retrait » ? Pas vraiment. Il ne l'envisage qu'au terme de la formation d'une police et d'une armée afghanes capables de prendre en charge la sécurité et l'unité du pays... « C'est un bourbier », disait de l'Afghanistan Alain Juppé, avant de devenir en janvier 2011 ministre des Affaires étrangères. Seul Laurent Fabius vient de hausser le ton en réclamant « un départ rapide et effectif ». Pour le reste – et malgré les 2 500 soldats tués depuis 2001 –, le PS détourne le regard tandis que Nicolas Sarkozy défend cette « guerre nécessaire ». (F.B.)

2. Condamnation de l'aide apportée par les États-Unis aux dictatures d'Amérique latine.

Bilan. Une Amérique latine « arrière-cour » des États-Unis, de la CIA et des multinationales américaines : c'est le paysage de la fin des années soixante-dix, du Chili de Pinochet à la dictature militaire en Argentine et au plan Condor. Outre les gestes ponctuels, il reste de François Mitterrand un grand discours, dit « de Cancun », car il fut en fait prononcé à Mexico, le 20 octobre 1981, depuis la place de la Révolution. C'est un discours tiers-mondiste, appelant à une grande négociation Nord-Sud et soutenant les luttes de libération et de justice sociale en Amérique latine : son impact est considérable dans les opinions, même si ses effets concrets sont limités.

Enjeu. Venezuela, Équateur, Bolivie, Brésil, Chili, Argentine... Depuis bientôt dix ans, les gauches latinos sont au pouvoir dans la quasi-totalité du continent sud-américain, marquant pied à pied leur autonomie arrachée aux États-Unis. Elles le doivent aux puissants mouvements d'émancipation de ces sociétés et à l'influence, outre la France, d'une Espagne réussissant sa sortie du franquisme. (F.B.)

3. Affirmation du droit des travailleurs polonais aux libertés et au respect de l'indépendance syndicale.

Bilan. Le 13 décembre 1981, le général Jaruzelski proclame l'état de guerre et interdit le syndicat Solidarność. « Naturellement, nous ne ferons rien », déclare Claude Cheysson, ministre socialiste des Affaires étrangères. La phrase fait d'autant plus scandale qu'un immense mouvement de solidarité – conduit entre autres par la CFDT – naît en France. En décembre 1985, François Mitterrand reçoit à Paris le général Jaruzelski. Laurent Fabius, Premier ministre, se déclare « personnellement troublé ». Solidarność est légalisé en avril 1989. En décembre, Lech Walesa est élu président de la République polonaise.

Enjeu. La Pologne est aujourd'hui un membre important de l'Union européenne. Proche de l'Allemagne, ses relations avec la France n'ont jamais été bonnes. (F.B.)

4. Paix au Moyen-Orient par la garantie de la sécurité d'Israël dans les frontières sûres et reconnues, le droit du peuple palestinien à disposer d'une patrie, l'unité du Liban.

Bilan. Il y a d'abord une amitié profonde, indéfectible, de François Mitterrand pour Israël, son peuple et sa culture. Et il y a la découverte, tout au long des années soixante-dix, de la tragédie palestinienne et d'un nationalisme se fortifiant avec l'OLP de Yasser Arafat. Le tout donne un discours qu'il faut bien qualifier d'historique : celui prononcé devant la Knesset, le 4 mars 1982, dans lequel il mentionne l'OLP et dessine la perspective d'un État palestinien au nom du droit international.

Emportée dans la guerre du Liban, la France fait de ce discours sa politique. Cela provoque, en octobre 1983, l'attentat contre l'immeuble Drakkar, à Beyrouth : cinquante-huit soldats français, de la force internationale d'interposition, sont tués. L'action, revendiquée par un « Mouvement islamique » inconnu, est attribuée à la Syrie. François Mitterrand sauve à trois reprises Yasser Arafat d'une élimination. En 1982 et en 1983, quand le chef de l'OLP est la cible des Israéliens, puis des Syriens et des Iraniens. En 1989, lorsque le président Mitterrand reçoit à l'Élysée Yasser Arafat, ce dernier vient de reconnaître l'État d'Israël et annonce, à Paris même, que la charte de l'OLP est « caduque », malgré l'opposition des mouvements palestiniens les plus radicaux.

Si la cohérence et la continuité de cette politique n'est pas discutable, son efficacité l'est davantage. « Le discours de la Knesset eut un écho certain. Eut-il un effet sur la situation ? Je ne le pense pas. A-t-il fait progresser sur la voie de la paix ? Je ne le crois pas non plus », écrit Roland Dumas, ancien ministre des Affaires étrangères, dans ses mémoires.

En 2011, le bilan est simple à établir : l'État palestinien n'existe pas ; le nombre de colonies israéliennes établies en Cisjordanie n'a jamais été aussi important ; les efforts répétés des organisations politiques occidentales, dont le PS, pour soutenir l'OLP présidée par Mahmoud Abbas tout en boycottant le Hamas n'ont pas empêché les Palestiniens de voter massivement pour le parti fondé par Cheikh Yassine lors des derniers scrutins, entérinant ainsi la division du mouvement national palestinien.

Au Liban, le soutien inconditionnel occidental au camp du 14 mars de Saïd Hariri n'a pas permis d'enrayer la montée du Hezbollah ni de sortir de l'impasse constitutionnelle d'un système confessionnel qui favorise l'implication de puissances étrangères sur le territoire libanais et paralyse la vie politique du pays depuis 2008.

Enjeu. Trente années plus tard, aucun des trois objectifs énoncés par les socialistes n'est véritablement atteint. En poursuivant sa politique de colonisation de la Cisjordanie, le gouvernement israélien refuse de figer les frontières. Il n'y a toujours pas d'État palestinien. L'unité du Liban demeure des plus fragiles, avec de nouveaux risques de conflits, une Syrie qui n'accepte pas d'en être écartée et le Hezbollah, soutenu par l'Iran, qui contrôle le sud du pays. La France ne pèse plus – et l'Europe guère davantage – dans un processus de négociations qui accumule les échecs et qui s'est restreint à une discussion entre l'Israël, les États-Unis et les négociateurs de la moribonde Autorité palestinienne. L'impasse est complète, Israël se satisfaisant aisément d'un statu quo qui sert ses intérêts. Seules les nouvelles espérances, nées des révolutions arabes, semblent pouvoir bousculer ce rituel de l'impuissance. (F.B. et P.P.)

5. Indépendance du Tchad. Respect de la souveraineté du Cambodge. Soutien au droit à l'autodétermination de l'Érythrée et du Sahara occidental.

Bilan. Et, déjà, le colonel Kadhafi : ses visées répétées sur le Tchad, ses tentatives de s'y installer ou d'y instaurer un régime à ses ordres. La réaction française est immédiate : Paris ne laissera pas échapper ce pays de son influence. François Mitterrand engage deux opérations militaires. En août 1983, quatre mille soldats de l'opération « Manta » viennent sauver l'armée tchadienne d'Hissène Habré. En février 1986, un millier d'hommes (opération « Épervier ») sont envoyés pour barrer la route aux Libyens. Cet engagement fera négliger, voire oublier, les deux autres dossiers du Sahara occidental et de l'Érythrée.

Au Cambodge, la France tentera, dans les années quatre-vingt, de jouer la carte du roi Sihanouk, sans succès, pour inciter le Vietnam, qui avait envahi le pays en 1979 et balayé le régime khmer rouge, à se retirer.

Enjeu. Le Tchad reste un enjeu central pour la France qui soutient le régime d'Idriss Déby. Depuis 2007, deux opérations militaires françaises ont sauvé Déby, menacé par des rebelles et des milices venues de la province soudanaise du Darfour. Quant au dossier du Sahara occidental, l'amitié de Paris avec le roi du Maroc Mohamed VI a précipité ce conflit dans l'oubli. (F.B.)

Désarmement et sécurité collective

6. Désarmement progressif et simultané en vue de la dissolution des blocs militaires dans l'équilibre préservé des forces en présence.

Bilan. François Mitterrand joue un rôle clef dans la grande crise qui concerne toute l'Europe au tournant des années quatre-vingt : celle des euromissiles. Profitant des failles des accords SALT, les Soviétiques déploient, à partir de 1977, des missiles nucléaires à moyenne portée, les SS20, qui inquiètent l'ensemble de l'Europe. L'Otan et les États-Unis ripostent en menaçant d'installer des missiles Pershing II. Un très fort mouvement pacifiste se développe en Europe (« Plutôt rouge que mort ») face à ce qui est perçu comme une escalade incontrôlée. Les travaillistes anglais plaident par exemple pour un « désarmement unilatéral » tandis que le chancelier social-démocrate allemand, Helmut Schmidt, partisan d'une ligne dure, est abandonné par son parti.

François Mitterrand met d'abord en garde contre une rupture « de l'équilibre des forces en Europe » et le « découplage » entre la sécurité européenne et celle des États-Unis, lors d'un discours resté célèbre devant le Bundestag, en janvier 1983. Puis en octobre, il a cette phrase qui résume bien sa politique : « Je suis, moi aussi, contre les euromissiles, seulement je constate que les pacifistes sont à l'Ouest et les euromissiles à l'Est. » L'année suivante, les premiers Pershing II sont installés en Europe. Ce n'est qu'en 1986, lors de l'accord de Reykjavik, que la crise s'achève lorsque les Soviétiques se rallient à l'« option zéro » proposée par les Américains.

Enjeu. Russes et Américains ont signé en 2010 de nouveaux accords Start de désarmement nucléaire. Plus important est l'appel lancé en 2009 par Barack Obama d'un « monde sans arme nucléaire ». Appel rejeté par Nicolas Sarkozy et soutenu du bout des lèvres par les socialistes. (F.B.)

7. Action internationale énergique contre la dissémination de l'arme nucléaire et pour le renforcement du contrôle des centrales nucléaires.

Bilan. L'« action énergique » promise s'est perdue dans les méandres des négociations internationales, les bouleversements stratégiques nés de la dislocation de l'URSS et l'alignement des socialistes sur les positions du puissant lobby industriel du nucléaire civil. Il faut ainsi attendre 1991 pour que la France signe le TNP (Traité de non-prolifération), pierre angulaire du système de contrôle du nucléaire militaire. Et il faut attendre 1992 pour que François Mitterrand décide d'un moratoire sur les essais nucléaires dans le Pacifique. Moratoire interrompu par Jacques Chirac en 1995 pour une dernière campagne d'essais avant la signature par la France en 1996 du Traité d'interdiction complète des essais nucléaires. Dans les années quatre-vingt, la France développe la technologie MOX, qui consiste à utiliser du plutonium dans les centrales classiques, et promeut les techniques d'enrichissement et de retraitement d'uranium.

Enjeu. La catastrophe nucléaire de la centrale de Fukushima, au mois de mars 2011 au Japon, relance une réflexion mondiale sur les dangers du nucléaire civil. Les socialistes ont réaffirmé, à cette occasion, qu'il n'était pas question pour eux de « sortir du nucléaire », alors que plusieurs autres formations écologistes et de gauche réclament le lancement d'un grand débat national. (F.B.)

8. Ouverture d'une négociation sur la sécurité collective en Europe à partir de la conférence sur la réduction des forces et des tensions proposée par les socialistes français. Retrait des fusées soviétiques SS 20 en même temps que l'abandon du plan d'installation des fusées américaines Pershing sur le sol européen.
(Voir proposition n° 6).

Nouvel ordre économique mondial

9. Priorité au dialogue Nord-Sud pour la mise en place d'un nouvel ordre économique mondial. Aide publique au tiers-monde portée à 0,70 % du PNB de chaque pays développé.

Bilan. Les promesses concernant l'aide publique au développement (APD) sont un vieux serpent de mer de la politique française. Trente ans après la victoire socialiste, l'objectif de 0,7 % est loin d'être atteint, mais il continue d'être présenté comme une priorité en matière de développement Nord-Sud. En 2009, dernière année pour laquelle les chiffres sont disponibles, la France a consacré 0,46 % de son revenu national brut à l'APD (dont une grande partie s'explique par des annulations de dette). Les deux mandats Mitterrand avaient certes réalisé d'importants progrès, avec des pics historiques à 0,63 % en 1992 et 1993. Mais l'effort est ensuite retombé à 0,3 % en 2000.

Contraint par les Objectifs du millénaire pour le développement des Nations unies, Jacques Chirac avait promis en 2002 de dépasser les 0,7 % d'ici 2012. En 2008, Nicolas Sarkozy avait repoussé la date butoir à 2015. Aujourd'hui, sur fond d'austérité, il est peu probable que Paris tienne ses promesses à moyen terme. La France, en la matière, n'est pas une exception : l'ensemble des pays de l'OCDE ont consacré, en moyenne, 0,4 % de leur PNB à l'aide au développement en 2009, très en-deçà de leurs promesses. Seule une poignée d'élèves modèles a franchi la fameuse barre des 0,7 %, dont la Suède et la Norvège.

Enjeu. La barre des 0,7 % reste un marqueur du débat, mais tend à se faire éclipser. Depuis la déclaration de Paris de 2005, un basculement est en cours : on ne parle plus tant, dans les grandes conférences, des volumes d'aide, que de l'« efficacité » de cette aide sur le terrain. Exit les quantités, place à la qualité, selon le discours officiel... L'idée est surtout de rendre plus transparentes les tuyauteries de l'aide, tellement complexes aujourd'hui que l'on peine à savoir qui donne à qui, pour quoi faire et sous quelles conditions. Autre tendance, qui prend de court les pays de l'OCDE : les grands émergents du Sud, Chine en tête, semblent se montrer de plus en plus généreux. Ils dopent leur aide à l'Afrique d'année en année, tout en piétinant les règles de « bonne conduite » établies par les pays de l'OCDE (à commencer par l'interdiction de l'« aide liée », débloquée à un pays à condition qu'il investisse en retour dans des entreprises du pays donneur). (L.L.)

10. Définition d'un nouveau système monétaire mondial par la réforme du FMI, de la banque mondiale et du « panier de monnaies », un

moratoire et de nouvelles liquidités pour les pays pauvres du tiers-monde.

Bilan. Cette proposition est formulée cinq ans après les accords de la Jamaïque ratifiés par l'Assemblée générale du FMI. Depuis cette réunion historique, les monnaies ne sont plus définies par des taux de change fixes, ou en fonction d'un certain poids d'or, mais par les seules logiques du marché. En fait, ces accords reconnaissent, après coup, les systèmes de change « flottants » introduits dès 1973. Ce sommet a aussi marqué la montée en puissance des droits de tirage spéciaux, les fameux « DTS » du FMI, une monnaie fictive indexée à un panier de monnaies qui reste, aujourd'hui, extrêmement restreint (yen, dollar, euro, livre sterling).

Il est frappant de constater à quel point ce titanesque chantier de la définition d'un « nouveau système monétaire » a peu avancé en trente ans, et reste d'une actualité brûlante – les déséquilibres monétaires expliquent en partie la crise économique mondiale surgie à partir de 2007. Seule véritable avancée sur la période, les accords dits « du Plaza », signés à New York en 1985 par les pays du G5 – États-Unis, Allemagne, Japon, Royaume-Uni et France –, qui ont tenté d'introduire des régulations dans les flux de capitaux.

Ces accords ont fixé des « fourchettes de taux de change » entre les devises de ces cinq États. À l'inverse des accords de la Jamaïque, qui laissaient toute marge de manœuvre aux marchés, ces accords du Plaza, plus contraignants, ont marqué un tournant. Notamment parce que les États-Unis s'engageaient, eux aussi, à ajuster leur monnaie. Dans la foulée, le dollar s'est déprécié si fortement que les accords du Louvre mirent un terme, deux ans plus tard, aux interventions sur le marché des changes. Retour à la case départ, ou presque.

Depuis, les chefs d'État se sont montrés extrêmement timides pour réguler les changes, faute d'un véritable consensus politique, et malgré de graves crises monétaires à répétition dans les années quatre-vingt-dix et deux mille. Il a fallu attendre 2007, et le début d'une crise économique historique, pour revoir le dossier surgir, certains allant jusqu'à évoquer la nécessité de « refonder Bretton Woods ».

Enjeu. La présidence française du G20, en 2011, s'est fixée comme l'un de ses objectifs de réformer le système monétaire international. Cette fois, ce n'est plus la suprématie du dollar qui est contestée, mais la sous-évaluation du yuan, qui doperait de manière injuste les performances de la Chine. Pékin n'est pas prêt à se laisser faire sur ce sujet et, si la Chine n'exclut pas d'apprécier sa devise, elle le fera à son rythme. Peu d'espoir d'une avancée concertée à l'horizon 2011, d'autant que la légitimité du G20 s'est fortement effritée ces derniers mois.

Quant au FMI, il a, de manière très opportune, profité de la crise de 2007 pour retrouver une légitimité qu'il avait totalement perdue depuis la fin des années quatre-vingt-dix et l'échec en série des politiques d'ajustement structurel en Amérique latine. Ce vieil FMI, dirigé par le socialiste français Dominique Strauss-Kahn, et qui traîne à imposer une meilleure représentation des pays du Sud et des émergents au sein de ses organes de décision, est donc revenu au centre du jeu. Si son discours s'est adouci, le logiciel n'a pas beaucoup bougé : l'institution continue d'imposer des potions carabinées à base d'austérité, comme ce fut le cas en Grèce ou en Irlande en 2010, et aux pays à qui elle débloque des prêts. (L.L.)

Une France forte dans l'Europe indépendante

11. Application stricte du traité de Rome (Marché commun) : poursuite de la démocratisation de ses institutions et mise en œuvre immédiate de ses dispositions sociales. Défense de l'emploi européen par le développement de politiques industrielles communes, par la protection des secteurs menacés par l'invasion de certains produits en provenance du Japon et des États-Unis, par l'élaboration du règlement communautaire sur l'activité des sociétés multinationales. Réforme profonde de la politique agricole et de la politique régionale.

12. Avant toute adhésion à la CEE de l'Espagne et du Portugal, respect de quatre préalables (agricole, régional et sur la pêche maritime) conformes à la résolution socialiste adoptée à Montpellier en septembre 1978.

Bilan. L'Europe sociale attend toujours. Pourtant, d'un point de vue strictement institutionnel, les initiatives visant à renforcer le volet social de la construction européenne n'ont pas manqué. L'Acte unique, en 1987, fait de la santé et de la sécurité au travail des compétences communautaires. Avec les traités de Maastricht (1992), puis d'Amsterdam (1997), la question de l'emploi devient « d'intérêt communautaire ». À Lisbonne, en 2000, les chefs d'État européens ont même défini une stratégie visant à atteindre le plein-emploi à l'horizon... 2010. Mais le traité de Lisbonne reconnaît également que les États nations gardent, en la matière, la plus large compétence, preuve que la sacro-sainte « coordination » des politiques sociales risque de se faire attendre encore longtemps. Tout se passe comme si l'Union européenne avait libéralisé plus vite l'économie qu'elle n'avait assuré les protections de ses travailleurs. Quant à la politique industrielle, le constat est déprimant : au-delà d'effets d'annonce sur de grands projets d'infrastructures, rien ne s'est véritablement concrétisé.

Enjeu. L'Europe, en 2011, est à l'arrêt. Engluée dans une crise de la dette qui risque de peser sur sa croissance dans les années à venir, l'Union est extrêmement divisée face à la gestion de la crise, écartelée entre une Allemagne sortie de crise et des pays « périphériques » exsangues. Timide lorsqu'il s'est agi, à partir de 2008, de relancer l'économie du continent, Bruxelles prône depuis l'an dernier une austérité drastique, qui risque de tuer dans l'œuf la fragile reprise. À un moment où l'urgence sociale n'a jamais été aussi vive. Début 2008, 16 millions de personnes étaient au chômage en Europe, soit 6,7 % de la population active. Deux ans et demi plus tard, ce volume est passé à 23 millions (10 %)... Quant à la protection d'éventuels secteurs déstabilisés par la concurrence étrangère, la « menace », aujourd'hui, ne vient plus des États-Unis ou du Japon, mais de la Chine. Là non plus, aucune mesure protectionniste n'a été prise, bien au contraire. Mais certains ont évoqué, sans succès, l'imposition d'une « TVA environnementale », qui aurait pour effet mécanique de renchérir les produits chinois sur le marché européen, et donc de freiner leur attractivité. (L.L.)

13. Création d'un Conseil des peuples méditerranéens.

Bilan. L'idée est très vite mise de côté, si bien qu'on ne sait pas bien aujourd'hui à quoi elle correspondait à l'époque : une sorte d'Union pour la Méditerranée avant l'heure ? Après le processus de Barcelone lancé par Jacques Chirac en 1995, l'UPM voulue par Nicolas Sarkozy représente exactement l'inverse d'un Conseil des peuples, puisqu'il s'appuyait sur la participation des chefs d'États (Ben Ali, Bouteflika, etc.), et non des sociétés civiles.

Enjeu. Les révolutions tunisienne et égyptienne ont montré la nécessité de nouer le partenariat sur la base de coopération culturelle avec les représentants de la société civile, que les représentants de l'État français, Parti socialiste compris, ignorent depuis vingt ans. La question du règlement de la dette de ces pays, contractée par des chefs d'États qui ont prospéré sur le dos de leur peuple, et qui grève les économies locales, est également un enjeu central pour les prochaines années. (P. P.)

II
L'emploi : la croissance sociale par la maîtrise de l'économie

La relance économique

14. Un programme de relance économique fixera, dès la prochaine session de la législature, les premières orientations : emploi, prix, développement technologique, cadre de vie.

Bilan. Dès juin 1981, les socialistes tiennent leurs engagements. Hausse de 10 % du Smic ; revalorisation de 25 % des allocations familiales puis à nouveau de 25 % en 1982, très fort relèvement du minimum vieillesse ; passage aux 39 heures mais payées 40 : pour contrer les effets récessifs du deuxième choc pétrolier, le gouvernement engage une politique énergique de relance keynésienne, alimentée aussi par une politique d'investissement et de recherche, afin de stimuler la consommation et donc la croissance. Mais les autres pays européens conduisent au même moment des politiques restrictives. Résultat : sous l'effet d'une envolée des déficits extérieurs, le gouvernement engage deux plans d'austérité consécutifs en 1982 et 1983 et se voit contraint à trois dévaluations successives du franc.

La « parenthèse » de la rigueur ne sera plus jamais refermée. Conduisant ensuite une politique du « franc fort » et de « désindexation des salaires sur les prix », les socialistes se convertissent alors à une politique libérale, sous l'impulsion notamment de Pierre Bérégovoy, le « Pinay de gauche ». Lionel Jospin a beau se montrer très critique à l'encontre du traité de Maastricht et, plus encore, du Pacte de stabilité – du « super Maastricht », dénonce-t-il –, il poursuit cette même politique de rigueur entre 1997 et 2002, sous la pression notamment de Dominique Strauss-Kahn, dans une conjoncture économique, il est vrai, marquée par une embellie.

Enjeu. Cette relance à contretemps de 1981 a pétrifié les socialistes les trois décennies suivantes et les a dissuadés de rééditer l'expérience quand elle ne les a pas conduits à adopter les thèses du libéralisme. Pourtant, ce qui a échoué, ce n'est pas la relance, c'est un plan pris isolément dans un seul pays. À l'échelle de l'Europe, le débat reste donc entier : dans une période de récession ou de crise, comme celle d'aujourd'hui, ne serait-il pas opportun que les pays européens mettent au point des stratégies coopératives de relance de la croissance, plutôt que de se lancer, en ordre dispersé, dans une surenchère de plans d'austérité, sous la houlette du Fonds monétaire international de Dominique Strauss-Kahn ? (L.M.)

15. Des actions industrielles seront immédiatement lancées dans les secteurs de l'électronique, de l'énergie, des biens d'équipement, des transports et de l'automobile, de la chimie fine et de la bio-industrie, de la sidérurgie et de l'agro-alimentaire, afin de reconquérir le marché intérieur et de créer des emplois.

Bilan. Parallèlement aux nationalisations, le gouvernement socialiste entend dès son arrivée impulser une politique industrielle directive, en organisant des filières intégrées dans certains secteurs jugés stratégiques. L'État est prêt à verser des milliards d'aides pour accompagner les filières dans leur développement.

En s'inspirant des travaux réalisés par le commissariat général du Plan, des pans entiers de l'industrie sont remodelés. Des sociétés sont fusionnées pour créer de grands ensembles plus résistants, notamment dans la sidérurgie. Les groupes nationalisés sont priés de se spécialiser, d'abandonner certaines activités et de les céder à d'autres.

Cette réorganisation profonde est abandonnée avant même d'être achevée. À partir de 1983, le gouvernement socialiste, pris dans le tournant de la rigueur, change de ligne : les groupes industriels retrouvent une certaine autonomie. Même si des membres du gouvernement rêvent encore de constituer un grand ministère de l'Économie et de l'Industrie, à l'image du Miti japonais, l'idée d'une politique industrielle s'efface peu à peu.

Les privatisations de 1987 portent un coup d'arrêt définitif à cette politique. L'État ne souhaite plus mener de politique industrielle. Le libéral Alain Madelin, alors ministre de l'Industrie, s'attelle à la liquidation de son ministère dès 1986. Le commissariat général du Plan, lui, est supprimé en 2005. L'État n'a plus aucune expertise en ce domaine.

Enjeu. Plusieurs membres du PS soulignent l'importance de relancer l'activité industrielle en France. Mais dépassé le stade de l'incantation, aucun projet n'est avancé. L'idée, ne serait-ce que de contrôler la réalité de l'utilisation des centaines de milliards d'aides publiques accordées chaque année aux entreprises et d'exiger des contreparties, n'est même pas envisagée. De plus, cela suppose de conduire une réflexion dans le cadre européen, de revenir aussi sur certains poncifs de Bruxelles. Mais là encore, rien n'est dit. (M.O.)

16. Un programme de grands travaux publics, de construction de logements sociaux et d'équipements collectifs (crèches, restaurants scolaires, maisons de l'enfance) sera engagé dès le deuxième semestre de 1981.

Bilan. La politique des grands travaux de 1981, censée soutenir l'économie, se résume essentiellement aux grands chantiers culturels voulus par François Mitterrand. Tout le reste est abandonné, dès 1983. Le logement social, les équipements collectifs sont pris en charge, grâce à la décentralisation, par les villes et les départements. Mais il manque toujours des dizaines de milliers de logements sociaux chaque année, et plus de trois cent mille places en crèche dans toute la France. Le gouvernement de Nicolas Sarkozy gomme totalement toute référence aux grands travaux publics. Selon lui, ils ne peuvent s'accomplir que dans le cadre de partenariats public-privé, qui permettent aux grands groupes privés d'obtenir des concessions dérogeant au droit commun.

Enjeu. Les besoins, notamment en matière de logement, sont si grands qu'il importe de retrouver des mécanismes législatifs et financiers nouveaux. Il convient aussi de donner un coup d'arrêt au partenariat public-privé, qui aboutit à créer des rentes monopolistiques indues pour le privé. (M.O.)

17. La recherche sera stimulée pour atteindre, d'ici 1985, 2,5 % du PNB. Des mesures d'aide par le crédit et d'encouragement à l'innovation seront prises en direction des PME.

Bilan. En 1981, un ministère de la Recherche est créé pour mettre en place une vraie politique de recherche. Mais le ministère des Finances veille vite à reprendre ses droits, et empêche le maintien des programmes à long terme. La suppression progressive du commissariat général du Plan accélère le mouvement. Les dépenses de recherche n'atteignent les 2,5 % du PNB que dans le milieu des années quatre-vingt-dix. Par la suite, elles s'effondrent, le privé ne prenant pas le relais du public. Alors que tous les pays européens ont accéléré leurs efforts de recherche, la France, elle, ne cesse de reculer.

Le gouvernement a mis en place le crédit impôt recherche, qui est un des plus favorables du monde. Il en coûte 5 milliards d'euros en 2009 aux finances publiques, l'essentiel étant trusté par les grands groupes. Parallèlement, les universités et les centres publics sont priés de centrer leurs travaux sur les demandes du privé.

Enjeu. Un effort majeur doit être réalisé sur la recherche en France, tant fondamentale qu'appliquée. Les engagements des programmes sur le long terme doivent être respectés. (M.O.)

18. Cent cinquante mille emplois seront créés dans les services publics et sociaux en vue d'améliorer les conditions de travail et les capacités d'accueil au public (santé, éducation, P et T,

etc.). Soixante mille emplois d'utilité collective seront mis à la disposition des associations et des collectivités locales.

Bilan. Dès son installation, le gouvernement socialiste lance d'importantes créations d'emplois publics en vue de lutter contre le chômage. Les entreprises publiques sont mises à contribution mais c'est la fonction publique territoriale qui connaît la plus forte croissance : à la suite des lois sur la décentralisation, les collectivités territoriales augmentent fortement leur personnel administratif afin de faire face à leurs nouvelles missions. De 1980 à 2006, le nombre des emplois publics – toutes catégories confondues – augmente d'un tiers, selon la Cour des comptes, représentant 5,2 millions d'emplois, soit un cinquième de l'emploi en France.

Le mouvement s'est totalement inversé depuis 2007. Dans le cadre de la Révision générale des politiques publiques (RGPP), le gouvernement s'est fixé comme règle de ne pas remplacer un fonctionnaire sur deux partant à la retraite. Cent dix mille emplois publics ont été ainsi supprimés en moins de trois ans, de 2007 à 2010. Trente-six mille devraient être encore supprimés en 2011. Sans que les économies escomptées soient au rendez-vous : cette réduction massive des effectifs n'a permis d'économiser que 700 millions d'euros, tandis que des manques criants se font jour notamment dans l'Éducation nationale et dans les hôpitaux.

Enjeu : Les services publics de proximité doivent revenir au cœur des préoccupations gouvernementales. Cela passe par le maintien de structures et d'emplois locaux. L'État ne doit pas se défausser de ses charges sur les collectivités locales. (M.O.)

Une nouvelle croissance

19. Le Plan, démocratisé et décentralisé, donnera un contenu au développement économique. La croissance sociale s'appuiera sur le dynamisme du secteur public, l'encouragement à l'investissement, l'augmentation des bas revenus et l'amélioration des fonctions de travail.

Bilan. Tout au long des années quatre-vingt, le Plan continue de garder la fonction que lui fixent les socialistes : être un lieu de vigie pour l'avenir et un lieu de débat de la société. Mais, après l'alternance de 1993, le gouvernement d'Édouard Balladur lui porte un coup fatal : alors que le Plan devait être un lieu trans-partisan d'audit et de débats sur les grands enjeux d'avenir, Édouard Balladur le transforme, avec l'accord du commissaire au Plan de l'époque, le socialiste Jean-Baptiste de Foucauld, en une office destinée à préparer le programme de sa future campagne présidentielle. Devenu Premier ministre, Lionel Jospin n'y attache pas non plus une grande importance, congédiant sans façon le commissaire de l'époque, Henri Guaino (qui deviendra en 2007 conseiller spécial de Nicolas Sarkozy), et préfère s'appuyer sur un autre outil, le Conseil d'analyse économique, composé d'économistes de tous horizons. La vague libérale a donc fini par emporter le Plan et la planification, qui font mauvais ménage avec des marchés ultra-puissants.

Enjeu. Décidant de tout, sans recourir souvent à la moindre expertise, prenant des réformes qui ne sont jamais insérées dans des perspectives de long terme, Nicolas Sarkozy n'a jamais voulu ni même songé à réinstaurer un lieu d'expertise pour le long terme. Il fait pourtant défaut. (L.M.)

20. Le franc sera défendu contre les manœuvres spéculatives. Le développement industriel et agricole et les économies d'énergie rendront la croissance moins tributaire des importations. D'ici 1990, la part du commerce extérieur dans le PIB sera ramenée en dessous de 20 %.

Bilan. La préoccupation du déficit extérieur et du maintien de la balance courante est constante dès 1981. Cela conduit le gouvernement à adopter une politique de relance nationale. La dégradation rapide des comptes publics l'amène, en 1983, à changer totalement de cap : rigueur, lutte contre l'inflation, ouverture de l'économie, franc fort, deviennent les lignes de force de cette nouvelle politique, justifiée au nom de l'intégration européenne. L'adoption du traité de Maastricht, puis la création de l'euro, renforcent encore cette politique. L'État renonce à toute intervention dans le domaine économique.

Dans un premier temps, la balance commerciale se redresse fortement et devient excédentaire à partir de 1988. Cette situation perdure jusqu'en 2004. Depuis, la France affiche un déficit commercial structurel, faute d'une offre suffisante et adaptée. Car la mondialisation des échanges s'est traduite par une forte délocalisation de l'industrie et désormais des services hors de la France.

Enjeu. La création de l'euro a radicalement changé la donne. Mais dans une Europe en crise, la question reste entière : quelle doit être la politique monétaire de l'Europe ? Quelle stratégie économique et sociale coopérative faut-il reconstruire ? (M.O.)

21. Le secteur public sera élargi par la nationalisation des neuf groupes industriels prévus dans le Programme commun et le programme socialiste, de la sidérurgie et des activités de l'armement et de l'espace financées sur fonds publics. La nationalisation du crédit et des assurances sera achevée.

Bilan. Prolongeant les grandes nationalisations engagées à la Libération et la promesse-phare du Programme commun, le gouvernement de Pierre Mauroy honore cette proposition par la loi de nationalisation du 13 février 1982. De très grands groupes industriels (Sacilor, Usinor, Pechiney, Thomson, Saint-Gobain, Rhône-Poulenc...) ou financiers (Paribas, Suez, Rothschild, Worms...) deviennent la propriété à 100 % de l'État, et non pas à 50 % comme le préconisait Michel Rocard. Dès 1984, pourtant, les socialistes commencent à faire timidement volte-face, en évoquant une nécessaire « respiration du secteur public », qui prend la forme de titres participatifs, sortes d'actions sans droit de vote. En 1986, puis après 1993, la droite fait machine arrière : elle privatise à tour de bras, en commençant par les « nationalisées » de 1982.

Arrivant à Matignon en 1997, Lionel Jospin crée la surprise en prolongeant, et même en accélérant, cette politique de privatisation. Sous la pression de Dominique Strauss-Kahn, il renie ainsi l'engagement qu'il avait pris de garder France Télécom à 100 % public, et ouvre son capital. Sous la pression de Laurent Fabius, il lance même, en février 2002, la privatisation des autoroutes. Au même moment, pendant la campagne présidentielle, Laurent Fabius et Dominique Strauss-Kahn, qui se livrent à une surenchère de propositions libérales, proposent que l'on privatise également EDF, le premier suggérant que l'État garde la majorité, le second favorable à ce que le contrôle de l'État passe même sous la barre des 50 %.

Dans un livre récent (*Lionel raconte Jospin*, Seuil, janvier 2010), l'ancien Premier ministre conteste ce bilan : « Il est absurde de dire que nous aurions privatisé plus que le gouvernement Chirac et jamais aucun chiffre n'a été apporté à l'appui de cette affabulation », écrit-il. Les chiffres publics l'attestent cependant : de 1997 à 2002, les cessions d'actifs publics ont atteint 27,4 milliards d'euros, chiffre à comparer aux 12,8 milliards d'euros réalisés entre 1986 et 1988 ou encore aux 19,5 milliards d'euros entre 1993 et 1995.

Enjeu. Dans leur projet pour 2012, les socialistes se montrent embarrassés par cette question des nationalisations, qu'ils n'évoquent pas. Si le débat a évolué (plus grand monde ne revendique aujourd'hui la nationalisation de groupes privés spécialisés dans des domaines marchands ne touchant pas à l'intérêt général), la question de la nationalisation demeure en d'autres domaines. Faudra-t-il par exemple renationaliser GDF, qui forme désormais avec Suez un gigantesque monopole… privé ? Faudra-t-il renationaliser les autoroutes, qui ont une fonction majeure d'aménagement du territoire ?

Ce débat qui pétrifie les socialistes prend une acuité particulière dans un autre secteur, celui des banques, compte tenu du rôle pernicieux qu'elles ont joué dans la crise de ces trois dernières années. Faut-il envisager certaines nationalisations ? Ou concevoir une grande banque publique, autour de La Poste par exemple ? Il est symptomatique que certains intellectuels, dont Jacques Julliard, qui vient pourtant de la deuxième gauche, celle-là même qui était rétive aux nationalisations, poussent à la roue et cherchent à juste titre à bousculer les frilosités socialistes. (L.M.)

22. Le contrat de travail à durée indéterminée redeviendra la base des relations du travail ; les capacités d'intervention du syndicat dans l'entreprise seront étendues et affermies : moyens et protection des délégués élus, temps consacré à l'information et à l'expression collective.

Bilan. Si les socialistes avancent cette proposition en 1981, c'est que la crise générée par les deux chocs pétroliers a fait grimper le chômage, à la fin des années soixante-dix, à des niveaux sans précédent. Pour tenter d'endiguer cette tendance, le Premier ministre de l'époque a alors, en éclaireur, promu les premières formes d'emploi précaire : les célèbres « stages Barre ». Mais, en réalité, quand l'idée est avancée, le modèle social français n'est encore que très peu ébranlé : plus de neuf emplois sur dix créés à l'époque sont des contrats à durée indéterminée. Pendant quelque temps, les socialistes semblent donc tenir parole. D'autant que, dans la foulée, les lois Auroux, promulguées dès 1982, renforcent sensiblement le rôle des syndicats dans la vie des entreprises.

Mais, progressivement, le paysage social subit un séisme majeur. Sous l'effet des avancées du capitalisme anglo-saxon, que favorisent les privatisations, le marché du travail connaît une déréglementation sans précédent. CDD, intérim, travail à temps partiel subi, stages en tous genres : trente ans plus tard, la proportion s'est inversée et désormais neuf emplois créés sur dix relèvent de ce que les statisticiens appellent « les formes particulières d'emploi ». Dans cette évolution, bien des socialistes ont leur part de responsabilité : Martine Aubry, au travers des premiers allégements de charges sociales qu'elle a instaurés dès 1992, pour stimuler le travail à temps partiel, ou Dominique Strauss-Kahn, qui a favorisé l'expansion des privatisations.

Résultat : La précarité et la flexibilité se sont tellement développées que désormais l'emploi ne protège plus de la pauvreté. Phénomène nouveau et massif : le capitalisme anglo-saxon a généré en France une masse considérable de *working poors* : selon les dernières statistiques de l'Insee, plus de 1,9 million de Français qui ont un emploi ont un revenu inférieur au seuil de pauvreté.

Ministre du Travail de Lionel Jospin, Martine Aubry a par ailleurs envisagé par deux fois en 1997-2002 de légiférer pour taxer le travail précaire, par exemple pour les entreprises dont le taux d'emplois précaires dépasse 10 % des effectifs. Mais à chaque fois elle a renoncé à mettre son projet en chantier.

Enjeu. C'est peu dire que les socialistes pourraient avoir un programme ambitieux. Pour détricoter une bonne partie des mesures de déréglementation prises depuis 2007 par Nicolas Sarkozy, à commencer par le contrat de mission, qui a signé l'arrêt de mort du droit du licenciement. Pour freiner aussi l'intérim, qui dans l'automobile occupe un emploi sur deux. Pour remettre enfin sur la table les mesures de taxation envisagées après 1997. Mais le souhaitent-ils ? Revenir à un emploi stable, réparer les dégâts de la folle déréglementation du marché du travail ne peut se concevoir que dans le cadre d'un capitalisme autrement encadré, qui n'avantage pas à ce point le capital au détriment du travail. (L.M.)

23. La durée du travail sera progressivement réduite à 35 heures après négociation entre les partenaires sociaux. La cinquième équipe sera instaurée dans les métiers pénibles. La

cinquième semaine de congés payés sera généralisée.

Bilan. Il était écrit que la réduction du temps de travail se ferait « progressivement », et ce fut le cas ! En 1981, Pierre Mauroy, Premier ministre de François Mitterrand, assure que les 35 heures seront effectives en... 1985. Il commence par accorder la cinquième semaine de congés payés puis, en 1982, diminue la durée légale hebdomadaire de 40 à 39 heures. Il n'aura pas le temps de poursuivre : en 1983 arrive la « rigueur » et exit les 35 heures ! C'est sans doute en souvenir de l'amertume des électeurs de gauche que la grande réforme du gouvernement Jospin, en 1997, sera les 35 heures. La loi de Martine Aubry, alors ministre de l'Emploi et de la Solidarité, est promulguée le 19 janvier 2000 : la durée légale passe à 35 heures, sans perte de salaire, même si, sur ce point, le Parti socialiste n'affiche pas une belle unanimité. La mesure est populaire, on est au temps du « Travailler moins pour travailler tous » et les statisticiens s'accordent pour dire que 350 000 emplois ont été créés entre 1998 et 2002 par les 35 heures.

Alors pourquoi, si l'on en croit un sondage Ipsos-*Ouest France* de novembre 2005, sont-elles considérées par 59 % des Français comme la plus mauvaise réforme prise par un gouvernement socialiste ? Ce n'est pas parce qu'elles auraient appauvri la France : entre 1998 et 2002, le produit intérieur brut a cru chaque année, entre 3,3 et 5,4 %. Serait-ce alors en raison de leur effet sur l'organisation du travail ? Car, avant la promulgation de la loi, les chefs d'entreprises et les représentants du patronat ont tous négocié pour limiter les effets d'une stricte baisse du temps de travail. Les 35 heures permettent aujourd'hui d'annualiser le temps de travail en conjuguant semaines basses et semaines hautes (où certaines nuits, certains samedis et dimanches peuvent être travaillés). Elles ont aussi permis d'exclure du temps de travail certains temps de pause ou de formation... toute cette chasse aux temps morts (qui peut s'accompagner de stress ou maladie professionnelle) a permis à la France d'être le pays où l'heure travaillée est la plus productive au monde.

Mais cette hausse de la productivité n'a pas profité aux salaires. En contrepartie du maintien des rémunérations, une modération salariale pendant deux ou trois ans fut convenue dans de nombreuses entreprises. Au moment où la croissance revient en France dans cette période, les salariés français n'ont rien vu pour eux. En outre, la réorganisation du travail s'est accompagnée d'une remise en cause de certaines heures supplémentaires et compléments au salaire, comme l'écrit l'Insee : « Entre 1999 et 2000, la part des primes dans la rémunération globale a diminué, surtout pour les ouvriers pour lesquels elle est passée de 13,9 % en 1999 à 12,7 % en 2000. » Un travail plus dense et moins rémunérateur..., c'est aussi ça les 35 heures, loin de l'image d'Épinal du cadre profitant de RTT pour partir en congés !

Enjeu. En 2007, Nicolas Sarkozy a cru en finir avec les 35 heures par son slogan : « Travailler plus pour gagner plus ». De fait, en défiscalisant dès l'été 2007 les heures supplémentaires (allégement des cotisations patronales et pas d'imposition pour le salarié), il a profondément modifié l'enjeu de la réduction du temps de travail. À gauche, personne n'est monté au créneau pour défendre ce qui devait être, en 1997, la grande réforme du retour du PS aux affaires. De fait, les formes de travail ont considérablement changé. Se focaliser sur une durée hebdomadaire alors que tout un chacun connaîtra dans sa vie des périodes de chômage et des nécessités de formation semble dépassé. Ne faudrait-il pas mieux réfléchir au temps de travail tout au long de la vie ? C'est ce que suggèrent, en creux, l'opposition à la réforme des retraites et les débats sur la sécurité sociale professionnelle. (S.D.)

24. L'ANPE sera démocratisée. Elle sera transformée en un grand service public de l'emploi (coordination de l'ensemble des moyens d'information, de formation et de conversation, travail intérimaire).

Bilan. François Mitterrand aurait mieux fait de se taire. Ce 5 mai 1981, lors du débat télévisé du second tour, le candidat socialiste lance à Valéry Giscard d'Estaing, à propos du chômage : « C'est la plaie de votre septennat. » Les années Mitterrand restent pourtant comme celles où la France s'est enkystée dans le chômage. Une tendance aggravée par deux crises, au début des années quatre-vingt-dix et à partir de 2008. D'après l'Insee, le chômage touche 1,4 million de personnes en 1981, soit 6 % de la population active dans l'Hexagone. Fin 2010, 2,6 millions de personnes sont au chômage (9,2 % de la population active), auxquelles il faut ajouter 800 000 personnes disponibles pour travailler plus. Au-delà des polémiques sur les chiffres (le chômage est sous-estimé), le plus grave est sans doute que l'inactivité s'est concentrée sur les jeunes, les plus de cinquante-cinq ans, les moins formés. L'ANPE, devenue Pôle emploi en 2009, tente d'écoper pour faire face à l'afflux de chômeurs, sous-traitant même au privé. Mais globalement le service public de l'emploi, trop atomisé, a failli. Il n'est pas aidé par la désolante faillite de la formation professionnelle et l'échec des dispositifs de reclassement, alors même que l'industrie a détruit 2 millions d'emplois en trente ans.

Enjeu. Voulue par Nicolas Sarkozy, la fusion entre l'ANPE et l'Unedic (chargée de l'indemnisation des chômeurs) s'est produite au plus mauvais moment : en janvier 2009, en pleine crise, alors que trois mille chômeurs s'inscrivaient chaque jour à Pôle emploi. Résultat : une grande désorganisation, et le désarroi des usagers comme des salariés. Pour 2012, le programme du PS promet une loi refondant le service public de l'emploi et de la formation, avec des objectifs région par région, le recrutement d'agents « à la hauteur du défi des millions de chômeurs en France » et un service plus personnalisé. Il annonce son intention de mettre fin à la sous-traitance au privé. (M.M.)

25. Une loi fixe fixera les conditions d'évolution de la révision des loyers et de la répartition des charges. En outre, des dispositions particulières seront prises en faveur des locataires des logements sociaux.

Bilan. Avant 1981, les propriétaires sont rois. La « loi Quillot » de 1982 va plus loin que les propositions socialistes de campagne, en changeant fondamentalement les droits du locataire et en rendant le bail écrit obligatoire. Le propriétaire ne pourra plus virer son locataire quand bon lui semble, sur simple préavis. Un bail est à présent établi, de trois ou six ans. Pour récupérer son appartement en location, il faut une raison impérative, comme celle de devoir loger ses enfants. La liste des charges incombant au propriétaire est aussi clairement établie. La hausse des loyers est au départ envisagée comme le produit d'une négociation annuelle, avec des syndicats de chaque côté. Et à défaut d'accord, un décret. Mais l'expérience ne durera pas.

Enjeu. Aujourd'hui, le Parti socialiste s'interroge. Comment limiter la flambée des prix, notamment à Paris ? Car si, quand le locataire reste dans le logement, la seule augmentation qu'il peut supporter est celle de l'indice de révision des loyers (IRL) publié annuellement par l'Insee, il en est tout autrement en cas de changement de locataire. D'où des hausses spectaculaires.

Le maire de Paris, Bertrand Delanoë, souhaiterait pouvoir mettre en œuvre un système déjà appliqué par le passé en revenant à la loi Mermaz du 6 juillet 1989, inopérante depuis que le gouvernement Jospin l'a « oubliée », en 1997. Cette loi prévoyait qu'au changement de locataire le loyer devait être fixé par référence aux loyers du voisinage. Sauf que, cette fois, la mesure pourrait s'appliquer à tous les logements, alors qu'auparavant le système excluait les premières mises en location, neuves ou anciennes. Suffisant pour réguler le marché ? (M.H.)

26. L'épargne sera fortement encouragée. Un livret A par famille sera indexé sur les prix. Les taux d'intérêt des autres dépôts seront relevés. La réforme des circuits financiers permettra l'affection de l'épargne des Français aux investissements considérés comme prioritaires par le plan.

Bilan. Longtemps, les socialistes respectent cet engagement. Placement fétiche des Français, le livret A est le vecteur d'une mission d'intérêt général : la protection et la rémunération de l'épargne populaire. Cette mission d'intérêt général est d'ailleurs couplée à une autre : l'argent ainsi collecté est centralisé à la Caisse des dépôts et sert aux financements du logement social. À ce titre, la fixation du taux d'intérêt qui est servi aux épargnants est une décision qui relève de la compétence du ministre des Finances. Mais, en 1998, Dominique Strauss-Kahn prend une première mesure de déréglementation : il installe une commission d'experts chargés de rendre des avis sur les taux d'intérêt servis, à charge au ministre des Finances de rendre l'ultime arbitrage. À l'époque, la réforme est vivement critiquée, beaucoup à gauche faisant valoir que la droite ne se privera pas d'achever la réforme en faisant en sorte que ladite commission ne rendra plus des avis mais sera maîtresse de la décision, sans que le gouvernement n'ait son mot à dire. Après 2002, c'est effectivement ce qui adviendra.

Enjeu. Engagée par la gauche, la déréglementation du livret A, ardemment souhaitée par les banquiers – sa « banalisation » comme disent les experts – a été accélérée à partir de 2002. Désormais, comme cela était prévisible, ce sont les financements au profit du logement social qui menacent de se tarir. Un immense chantier pour la gauche, mais qui pour l'heure ne figure pas explicitement dans le projet socialiste. (L.M.)

27. Des bonifications d'intérêt ou des avantages fiscaux sur une base contractuelle, seront accordés pour contribuer à la réalisation des objectifs de la politique économique et sociale en particulier pour les industries de main-d'œuvre.

Bilan. De 1982 à 1984, les socialistes mènent une politique très active en ce domaine, pratiquant, par exemple, des systèmes de bonification d'intérêt ou des avantages fiscaux sectoriels. Ce dernier dispositif a été au centre du plan textile, lancé par le gouvernement de Pierre Mauroy : afin de défendre l'industrie textile française gravement menacée par la mondialisation – cette industrie finira par être laminée –, des « contrats emplois investissement » sont ainsi créés accordant des allégements de charges sociales ou d'impôts en fonction des engagements pris par les entreprises en faveur de l'emploi ou de l'investissement. Mais, progressivement, les socialistes, notamment sous l'impulsion de Laurent Fabius, conduisent une politique industrielle de moins en moins active. Bruxelles pousse aussi fortement en ce sens.

Enjeu. Si ces formes d'aides sectorielles ne sont plus tolérées par Bruxelles, pourquoi les socialistes ont-ils aussi oublié en chemin cette formidable idée du « donnant-donnant » : aider certaines entreprises qui peuvent en avoir besoin, mais dans le cadre d'engagements précis ? Depuis que la gauche comme la droite ont multiplié les baisses d'impôts et de charges sociales, des milliards d'euros ont été distribués, sans que l'on s'attache à en mesurer les effets économiques réels, et les effets d'aubaine. (L.M.)

28. Les prix des produits pour lesquels la concurrence ne joue manifestement pas seront contrôlés. Les produits de distribution seront réformés, l'implantation des grandes surfaces réglementée, les pouvoirs des consommateurs renforcés.

Bilan. La proposition est vite oubliée. Jusqu'en 1986, il y a, certes, un contrôle des prix, mais dans le seul but de lutter contre l'inflation. Ensuite, la loi sur la concurrence donne toute liberté sur la fixation des prix. Quant aux grandes surfaces, soutenues par les élus locaux, qui y voient une source à la fois de financement local – et parfois occulte – et d'emplois, ils mettent tout en œuvre pour favoriser leur implantation. À peine élu, Nicolas Sarkozy parachève l'œuvre, avec la loi de la modernisation de l'économie (LME) faisant sauter les derniers verrous de la réglementation.

Enjeu. Le sujet n'est plus évoqué. Mais un oligopole des grandes enseignes commerciales s'est formé en France. Celui-ci exerce une vraie prédation sur les entreprises, et est devenu un des vecteurs favorisant les délocalisations. (M.O.)

29. L'artisanat et le petit commerce verront leur rôle social et humain reconnu et protégé. Le salaire fiscal sera institué pour les travailleurs non salariés.

Bilan. Faisant partie de la rhétorique politique habituelle, la protection de l'artisanat n'a jamais été mise en œuvre. Même dans un domaine où l'État avait tout pouvoir, les marchés publics, rien n'a été fait pour faciliter l'accès des artisans. Mais, quelle que soit l'élection, cela n'empêche pas à chaque parti politique d'assurer qu'il mettra tout en œuvre pour protéger l'artisanat.

Enjeu. L'artisanat n'a pas forcément un caractère poussiéreux. Il peut être un vrai créateur d'emploi et d'innovation. Mais lui reconnaître ce rôle demande que l'on sorte de la vision économique du CAC 40. Pour l'instant, la gauche reste les yeux fixés sur les champions nationaux. (M.O.)

30. L'assiette des cotisations patronales de la Sécurité sociale sera modifiée afin de ne pas pénaliser les entreprises de main-d'œuvre.

Bilan. À partir de 1984, le gouvernement socialiste met en œuvre une série d'allégements successifs sur les salaires en vue de favoriser l'emploi, sans pourtant lancer une vraie réforme. En 2000, le gouvernement Jospin modifiera la taxe professionnelle, en ôtant la base calculée sur les salaires. À chaque nouvelle mesure, l'État s'est engagé à compenser le manque à gagner auprès de la Sécurité sociale, sans tenir ses promesses. Les dégrèvements en tout genre pour les entreprises représentent plus de 40 milliards d'euros chaque année.

Enjeu. Avec le creusement des déficits depuis 2007, la question du financement de la protection sociale devient urgente. Assez peu évoqué dans les « 110 propositions », le dossier de la Sécu sera un formidable défi pour la gauche, si elle revenait au pouvoir, d'autant qu'en plus des déficits cumulés se profilent des dépenses nouvelles, en particulier celles liées à la dépendance. D'où une question majeure : pour défendre le système solidaire, la gauche exclurait-elle tout recours à l'assurance privée ? (M.O.)

La justice sociale

31. Le Smic sera relevé. Son montant sera fixé après négociations avec les organisations syndicales. La nouvelle hiérarchie des salaires inscrite dans les conventions collectives sera

respectée. Les prestations familiales seront revalorisées de 50 % en deux étapes. Les indemnités de chômage seront fortement augmentées.

Bilan. Promesse tenue en 1981 ! Le salaire minimum est revalorisé de 10 % ; les prestations familiales de 50 % effectivement en deux étapes. Ensuite, d'autres acquis sociaux sont créés par la gauche, par exemple le revenu minimum d'insertion (RMI), qui voit le jour en 1988, au début du second septennat de François Mitterrand.

Malgré tout, le relèvement spectaculaire du salaire minimum ne fait pas office de courroie d'entraînement pour tous les autres salaires, comme pouvait l'espérer en 1981 le « peuple de gauche ». C'est même, avec l'emploi, l'une des grandes déceptions de la politique de la gauche : avec la rigueur, négociée en 1982-1983, la politique économique prend un nouveau cap, celui du « franc fort » et de la « désinflation compétitive ». Or, le pivot de cette politique, c'est la remise en cause de l'indexation des salaires sur les prix, ayant permis un partage qui ne soit pas trop déséquilibré entre capital et travail, ou si l'on préfère entre salaire et profit, tout au long des Trente Glorieuses. Cette réforme, parmi les plus libérales (avec les privatisations) que la France ait connue depuis la Libération, devient donc l'alpha et l'oméga de la politique économique française et est reprise ensuite, sans le moindre changement par la droite.

Du coup, même le Smic ne profite ensuite que de plus maigres revalorisations. Y compris durant les années fastes du contre-choc pétrolier, qui dope spectaculairement la croissance entre 1988 et 1989, le gouvernement de Michel Rocard se borne à de modestes « coups de pouce » au Smic, de sorte qu'il suive l'évolution du pouvoir d'achat ouvrier et rien de plus.

Cette rigueur salariale, qui se prolonge donc tout au long des années quatre-vingt, reste la règle pendant les années quatre-vingt-dix. Conduite par Martine Aubry, la réforme des 35 heures en est le prétexte. Pour beaucoup de salariés, et notamment les plus modestes, cette réforme est synonyme de blocage des salaires. De surcroît, comme on l'a vu, l'explosion de la précarité tout au long des années quatre-vingt-dix a pour conséquence un Smic qui fait de moins en moins office de voiture balaie. Chiffres impressionnants : aujourd'hui, sur 23,5 millions de salariés en France, plus de 20 % d'entre eux gagnent le Smic ou moins !

Enjeu. Les mutations du capitalisme français ont été tellement fortes que même un éventuel « coup de pouce » n'y changerait rien : les inégalités face aux revenus sont devenues formidables, avec, en haut de la hiérarchie des entreprises, des dirigeants gorgés de stock-options ou autres retraite chapeau et en bas des « *working poors* », dans des situations de précarité telles que le salaire minimum ne les protège plus. Au-delà du Smic, c'est donc une question beaucoup plus lourde à laquelle la gauche est confrontée, celle d'une déformation historique du partage entre capital et travail. Ce partage, la gauche aura-t-elle la volonté de le modifier ? (L.M.)

32. Les taux de la TVA seront ramenés au taux zéro pour les produits de première nécessité.

Bilan. C'est lors du second septennat de François Mitterrand que les baisses de TVA sont la priorité fiscale de la gauche. Alors qu'Édouard Balladur a lancé le mouvement de baisse en ramenant le taux majoré, applicable notamment à l'automobile, de 33,3 % à 28 % en 1987, Pierre Bérégovoy poursuit la baisse en plusieurs étapes au nom de l'harmonisation européenne, de sorte que ne subsistent plus que trois taux : un taux super réduit de 2,1 % (presse, médicament...), un taux réduit de 5,5 %, et un taux normal de 18,6 %. Ce dernier taux est ensuite porté en 1995 à 20,6 % par Alain Juppé, avant d'être abaissé à 19,6 % par la gauche.

Enjeu. Même si les socialistes ont partiellement tenu parole, l'échec, trente ans après, est patent. À bon droit, les socialistes font en effet valoir, quand ils procèdent à ces baisses de TVA, que la fiscalité indirecte pesant sur la consommation est inéquitable parce qu'elle est dégressive. Autrement dit, elle pèse relativement plus sur les bas revenus que sur les hauts. Mais l'argument a aujourd'hui un effet boomerang. Car les socialistes ont aussi contribué à baisser l'impôt sur le revenu, plus équitable. Tant et si bien que désormais l'impôt sur le revenu pèse d'un poids dérisoire dans le total des recettes fiscales (47 milliards d'euros sur un total de 255 milliards en 2010), alors que la TVA (126 milliards) constitue près de la moitié de ces recettes. CQFD. L'impôt inéquitable a, envers et contre tout, prospéré tandis que l'impôt citoyen est en miettes. (L.M.)

33. De nouvelles prestations familiales seront progressivement substituées au quotient familial par enfant, qui sera en attendant plafonné.

Bilan. Au fil du temps, ce qui est une mesure de soutien à la politique familiale devient un outil de redistribution. Le quotient familial, qui sert de référence au calcul de l'impôt, est certes plafonné. Mais il ne disparaît pas. La mesure aurait été trop défavorable aux classes moyennes. De nouvelles prestations familiales ont été créées par la gauche, comme le RMI ou l'allocation de rentrée scolaire. La droite, elle, vise deux populations. D'abord, les femmes au foyer, en créant l'allocation de libre choix d'activité, afin de les inciter à renoncer à travailler. Ensuite, les catégories les plus aisées, en leur offrant une très forte défiscalisation des emplois à domicile.

Enjeu. S'ils mettent en œuvre la « révolution fiscale » qu'ils promettent, les socialistes devront trancher deux questions. D'abord, dans le cadre de la remise en cause des « niches fiscales », ils devront décider s'ils maintiennent, totalement ou partiellement, le dispositif de défiscalisation des emplois à domicile. Mais, question encore plus délicate, ils devront décider s'ils suppriment ou non le quotient familial. Ce que propose l'économiste Thomas Piketty, coauteur du récent petit livre *Pour une révolution fiscale*, mais ce à quoi est opposé François Hollande. (M.O.)

34. Un impôt sur les grandes fortunes, selon un barème progressif, sera institué. Les droits de succession seront réformés afin d'alléger les successions modestes (en ligne directe ou non) et de surtaxer les grosses successions. Le capital des sociétés sera taxé sur la base de l'actif net réévalué.

Bilan. La gauche honore sa promesse fétiche, et dès 1982 l'impôt sur les grandes fortunes (IGF) voit le jour. À l'époque, il concerne les patrimoines supérieurs à 3 millions de francs, au terme d'un barème progressif d'imposition qui est compris entre 0,5 et 1,5 %. Le symbole est au rendez-vous, mais ce n'en est pas moins un impôt très mal bâti, assorti d'une cascade d'exonérations (biens professionnels, œuvres d'art, forêts...) et excluant donc du champ de l'imposition les plus grandes fortunes. En 1988, la gauche recrée cet impôt, que la droite avait supprimé en 1986, sous le nom d'impôt de solidarité sur la fortune (ISF), mais avec les mêmes exonérations que par le passé. Dès 1990, les socialistes cherchent à l'adoucir, en l'assortissant d'un plafond, préfiguration du bouclier fiscal qui sera instauré plus tard par Dominique de Villepin, puis durci par Nicolas Sarkozy. Ce plafond est encore renforcé l'année suivante, pour tempérer le poids de l'ISF sur les plus hautes fortunes, ce qui conduira Alain Juppé – un comble ! – à instaurer en 1996 un « plafond du plafond ». Pour corriger une mesure trop favorable aux grandes fortunes prise... par la gauche.

Enjeu. Le débat sur la fiscalité du patrimoine et, au-delà, sur le capital attend la gauche. Car en 2012, s'ils reviennent au pouvoir, les socialistes découvriront un paysage fiscal sinistré : l'ISF sera en miettes ou peut-être même supprimé, comme le sont quasiment les droits de succession. Voudront-ils le rebâtir ? C'est la première interrogation. Qui se double d'une autre : voudront-ils le rebâtir à l'identique, en exonérant les biens professionnels, c'est-à-dire en excluant les véritables grandes fortunes ? Ce serait choquant. Autre interrogation : les socialistes voudraient-ils reconstruire la fiscalité sur les successions ? On sent dès à présent bien des hésitations. François Hollande, pour ne parler que de lui, suggère ainsi de rendre l'ISF déductible des droits de succession. Ce qui équivaudrait de manière à peine déguisée à faire passer l'ISF à la trappe et à minorer les droits de succession. Et, à l'opposé de l'esprit de 1981 et de la nécessaire reconstruction d'une fiscalité sur le capital, cela ferait le jeu des plus grandes fortunes.

Le débat qui s'annonce pourrait de surcroît prendre un relief particulier si Dominique Strauss-Kahn était en lice. Car dans les années quatre-vingt, du temps où il croisait le fer avec la politique libérale de Pierre Bérégovoy, il dénonçait l'exonération dont les biens professionnels profitaient au titre de l'ISF et, s'appuyant sur les enseignements de Maurice Allais, le seul Français à avoir décroché le prix Nobel d'économie, plaidait pour la transformation de l'ISF en un véritable impôt sur le capital. C'était il y a bien longtemps ! (L.M.)

35. L'impôt direct sera allégé pour les petits contribuables, renforcé pour les gros revenus, de manière à réduire l'éventail des revenus. L'avoir fiscal sera supprimé.

Bilan. Les socialistes tiennent parole. L'impôt sur le revenu, qui est alors vraiment progressif (plus le contribuable est riche, plus sa contribution est forte) et qui comprend donc onze tranches d'imposition, voit son taux supérieur relevé de 60 à 65 % par la loi de finances pour 1982. Dans le même temps, une majoration exceptionnelle de 25 % est instaurée s'appliquant aux revenus de 1980 supérieurs à 100 000 francs. Concrètement, le taux marginal d'imposition dépasse 70 % pour les plus hauts revenus, contre 40 % de nos jours. Parallèlement, une décote est instaurée pour les bas revenus.

Cette défense de l'impôt citoyen par excellence est ensuite remise en cause par la droite, qui en 1986-1988, puis à nouveau en 1993, s'applique à démanteler l'impôt sur le revenu. En plusieurs étapes, le nombre des tranches d'imposition est ramené à seulement cinq, ce qui limite gravement la progressivité de l'impôt. Au même moment, le taux marginal est abaissé, pour le plus grand profit des plus hauts revenus. Et des mesures clientélistes d'exonérations sont prises par couches successives, vidant progressivement l'impôt sur le revenu, le réduisant à un prélèvement accessoire.

La droite n'est pourtant pas la seule à mettre à bas l'impôt sur le revenu. La gauche y apporte sa pierre. Ministre des Finances, Dominique Strauss-Kahn mène campagne en 1998 pour que le taux supérieur de l'impôt soit diminué. Dans la foulée, il milite pour un abaissement spectaculaire de la fiscalité sur les stock-options. Même si ces projets suscitent une vive émotion à gauche, ils finissent par voir le jour, peu après que Laurent Fabius eut succédé à Dominique Strauss-Kahn. Ainsi, pour la première fois depuis la création de l'impôt sur le revenu, un gouvernement de gauche abaisse en 2000 le taux marginal (ou si l'on préfère supérieur) de l'impôt sur le revenu.

Enjeu. Les socialistes ont tourné radicalement le dos à leur promesse de 1981. Mais il faut leur en donner acte : depuis quelque temps, ils ont changé de doctrine et assurent qu'ils veulent réhabiliter l'impôt. Dans le projet socialiste pour 2012 figure une proposition visant à fusionner l'impôt sur le revenu, qui est progressif, et la contribution sociale généralisée (CSG), qui est proportionnelle. Le nouveau prélèvement ainsi créé serait progressif. De la sorte, les socialistes renoueraient, sous des modalités certes différentes, avec l'esprit de 1981 en reconstituant une sorte d'impôt général sur tous les revenus. Et ils remettraient de la progressivité dans un système fiscal actuellement très injuste, car dégressif pour les très hauts revenus.

Reste toutefois une inconnue – et elle est décisive : les socialistes n'ont rien dit des taux d'imposition qu'ils souhaiteraient mettre en œuvre. Une vraie progressivité sera-t-elle rétablie, jusqu'en haut de l'échelle des revenus ? Ce n'est pas certain. Lors d'un face-à-face sur le site de Mediapart avec l'économiste Thomas Piketty, le socialiste François Hollande a récemment appelé explicitement à la prudence, mettant en garde contre les risques d'évasion fiscale. D'autres socialistes, à commencer par Dominique Strauss-Kahn, n'ont jamais formulé le moindre regret concernant la très libérale et inéquitable politique de baisse des impôts conduite dans les années 1997-2002. (L.M.)

36. Règlement des contentieux concernant les anciens combattants, application du rapport constant, retour à la proportionnalité des pensions militaires inférieure à 100 %, bénéfice de la carte de combattant aux anciens d'Algérie.

Bilan. Il aura fallu trente ans pour mettre en œuvre ces promesses. La retraite du combattant évolue bien selon un rapport constant avec l'évolution des traitements de la fonction publique et les conditions d'attribution de la carte de combattant ont été progressivement assouplies à une présence de quatre mois sur le territoire algérien en période de conflit.

Enjeu. La dernière revendication du monde combattant aujourd'hui reste l'indemnisation de tous les orphelins de guerre de 1939-1945, et pas seulement ceux victimes de la barbarie. (S.A.)

37. Nouvelle loi d'indemnisation pour les rapatriés, prévoyant la reconstitution des patrimoines familiaux, limitée pour les grosses fortunes.

Bilan. Après l'adoption de deux lois reconnues comme insuffisantes en 1970 et 1978, seule une loi relative à une indemnité d'environ 5 000 francs pour compenser la perte de mobilier outre-mer est votée en 1982. Mais les deux grandes lois d'indemnisation, prévoyant des allocations forfaitaires aux rapatriés d'Algérie, sont le fait du gouvernement Chirac en 1987, puis du gouvernement Balladur en 1994.

Enjeu. Aujourd'hui, les principales revendications des associations de rapatriés concernent les lieux de mémoire. (S.A.)

L'énergie

38. L'approvisionnement énergétique du pays sera diversifié. Le programme nucléaire sera limité aux centrales en cours de construction, en attendant que le pays, réellement informé, puisse se prononcer par référendum. Les crédits en faveur des énergies nouvelles ou des techniques nouvelles d'exploitation des énergies traditionnelles (charbon) seront très considérablement augmentés.
39. Un vaste programme d'investissement destiné à économiser l'énergie sera entrepris. Des clubs d'économie d'énergie animés par des personnes pris en charge et formés par l'État assisteront les ménages. Une politique de normes orientera la production vers des produits, des machines, des matériaux permettant de réduire la consommation d'énergie.

40. Une loi-cadre garantira le contrôle des citoyens et des élus sur toutes les décisions, et notamment les questions de sécurité touchant au nucléaire.

Bilan. C'est avec l'article 49-3 que Pierre Mauroy inaugure la discussion parlementaire sur la politique énergétique de la France en 1981. Pas question de toucher au programme nucléaire. La ligne reste intangible pendant trois décennies. Une « union sacrée » de l'ensemble des partis politiques, à l'exception des écologistes naturellement, s'est constituée sur le sujet, gelant toute possibilité de débat sur la politique énergétique de la France. La seule concession accordée par Lionel Jospin aux écologistes est l'arrêt du réacteur Superphénix en 1998. Les économies d'énergie et de développement des énergies renouvelables sont partiellement soutenues, donnant surtout lieu à des incitations fiscales et à la création de magnifiques niches pour gens fortunés, notamment dans l'éolien.

Ignorée pendant près de vingt ans, la question énergétique réapparaît dans le débat politique en 2005, portée à la fois par les problèmes liés au réchauffement climatique et l'envolée des prix du pétrole. Si des crédits sont accordés aux énergies renouvelables – la France s'est engagée, dans le cadre de l'Europe, à avoir 20 % d'énergie renouvelable en 2020 –, la réponse de la France est, d'abord et surtout, la relance du nucléaire, présenté comme une énergie sûre et sans $C0_2$. L'EPR, le réacteur de troisième génération, est promu comme la réponse à tout, et sert de vitrine à la diplomatie nucléaire de Nicolas Sarkozy. Conçue par Areva, dont la présidente est l'ex-sherpa de François Mitterrand, Anne Lauvergeon, la construction de deux réacteurs de ce type est décidée sans discussion.

La seule question qui semble un peu diviser la gauche et la droite dans ce dossier est de savoir si le nucléaire doit rester sous contrôle public et à qui doit profiter la rente nucléaire, les appétits financiers étant fort nombreux en ce domaine. La droite a opté pour une privatisation rampante, en mettant d'abord en Bourse EDF puis Areva, et enfin en accordant au privé 25 % de la production nucléaire française. La troisième étape est de permettre aux groupes privés d'exploiter directement du nucléaire en France, soit en reprenant une centrale existante, ce qui reviendrait à démanteler EDF, soit en construisant de nouveaux réacteurs.

Enjeu. La catastrophe nucléaire au Japon, en mars 2011, sonne la fin de la relance de l'industrie nucléaire, tant espérée par la France, et va l'obliger à rediscuter tous les termes de sa politique énergétique. Ce devrait être l'occasion d'avoir enfin – on peut rêver ! – un vrai débat éclairé, transparent, démocratique, qui n'a jamais eu lieu. La gauche porte en ce domaine une très lourde responsabilité. Réussira-t-elle à briser cette chape de plomb et à esquisser un avenir ? Ces questions sont essentielles pour le développement du pays, en sachant que, même si l'arrêt du nucléaire était décidé, cela ne pourrait se faire que sur une très longue période. (M.O.)

L'agriculture

41. Le gouvernement proposera aux partenaires de la CEE, afin de revenir à l'esprit du traité de Rome, une réforme de la politique agricole commune. Celle-ci devra tenir compte de la

nécessité de supprimer les inégalités de revenu entre les agriculteurs, les salariés de l'agriculture et l'ensemble des travailleurs. Des mesures particulières seront prises pour l'élevage, la viticulture, les fruits et légumes, jusqu'ici défavorisés. Les marchés seront organisés par des offices par produits ou groupes de produits, chargés de mettre en œuvre des prix garantis, tenant compte des coûts de production, dans la limite de quantum par travailleur. Cette politique prendra en compte les aspirations des consommateurs.

Bilan. En fait, la première réforme importante de la politique agricole commune n'intervient qu'en 1992, sous la houlette du commissaire européen Ray McSharry (Irlande), dans la deuxième Commission européenne présidée par Jacques Delors. Elle a pour objectif principal d'en finir avec les fameuses montagnes de beurre et lacs de lait (ensuite bazardés à des prix de dumping sur les marchés internationaux grâce aux « restitutions ») fabriqués justement par les prix garantis. Les offices sont acceptés par l'Europe, mais les éleveurs et les producteurs de fruits et légumes restent, jusqu'à ce jour, les parents pauvres de la PAC. Le programme socialiste, s'agissant de l'entrée de l'Espagne et du Portugal dans l'UE, n'oublie pas une œillade protectionniste en direction de l'électorat rural. Mais le pouvoir politique, issu du vote du 10 mai 1981, ne parvient pas à remettre fondamentalement en cause la cogestion (désastreuse) de la politique agricole avec la FNSEA, en dépit d'un investissement dans un syndicalisme agricole de gauche. Le lobby agricole, très lié à la droite, se montre particulièrement ignoble avec Édith Cresson, première femme à recevoir le portefeuille de l'Agriculture dans le gouvernement Mauroy.

Enjeu. Aujourd'hui, la vision d'une agriculture européenne moins aidée, moins inégalitaire, à valeur ajoutée, « verte » et « multifonctionnelle », reste portée par le socialiste Pascal Lamy, ancien bras droit de Jacques Delors à Bruxelles et directeur général de l'OMC. Quant aux « aspirations des consommateurs », elles ont été balayées par le rapport de force, très défavorable, que la grande distribution, véritable gagnante des « Trente Piteuses », a établi avec les producteurs. (P.R.)

42. Un statut de travailleuses à part entière sera reconnu aux femmes d'agriculteurs. L'installation des jeunes – et notamment l'accès à la terre – sera vivement encouragée. L'agriculture de montagne fera l'objet de mesures de soutien spécifiques.

Bilan. Le statut des agricultrices, ou femmes d'agriculteurs, ne voit le jour qu'en l'an 2000. Mais les dures réalités de l'agriculture familiale font qu'une grande partie d'entre elles sont contraintes de travailler à l'extérieur pour compléter les revenus de l'exploitation.

Enjeu. L'installation des jeunes agriculteurs est aidée, mais la France continue à perdre des exploitations et rien n'a pu enrayer le vieillissement de la population agricole. Outre des aides spécifiques, européennes et nationales, le sort de l'agriculture de montagne a toujours été lié à l'existence des quotas laitiers, qui protègent ces zones difficiles de la concurrence frontale avec les usines à lait. Avec leur disparition, prévue en 2014 par l'Union européenne, il va falloir inventer autre chose. (P.R.)

43. L'outil de travail – la terre – sera protégé contre la spéculation, par la création d'offices fonciers cantonaux où les représentants de la profession seront majoritaires.

Bilan. Les socialistes se contentent d'essayer de « démocratiser » les SAFER, où les organisations syndicales majoritaires exercent toujours leur domination. Non seulement la spéculation ne cesse pas mais elle atteint des niveaux ahurissants, dignes de la sphère financière, dans les régions viticoles les plus recherchées (Bordelais, Champagne, Bourgogne). D'autre part, en trente ans, des millions d'hectares sont arrachés à l'activité agricole (5 millions pour les seules prairies, soit une réduction d'un tiers) à cause de la pression urbaine (surtout à la périphérie des grandes villes) et de la croissance de la forêt (aidée par une fiscalité très complaisante).

Enjeu. Renverser cette tendance, qui rend de plus en plus problématique l'installation de nouveaux exploitants, demanderait un effort héroïque. (P.R.)

La pêche

44. Une politique de la pêche maritime, élément d'une politique de la mer, sera mise en œuvre : réorganisation des marchés, amélioration des

conditions de travail et de rémunération des travailleurs de la mer, aides à l'investissement... Au plan européen, le gouvernement proposera l'application d'une politique commune de la pêche fondée sur la garantie d'accès à la ressource, la gestion rationnelle des stocks, l'organisation et la protection du marché communautaire et l'harmonisation des régimes sociaux...

Bilan. Comme dans le cas de la PAC (politique agricole commune), l'action possible au niveau national est bornée par une politique commune de la pêche (PCP), qui voit le jour en 1983, comme le voulaient les « 110 propositions ». Mais elle est affectée en 1986 par l'adhésion de l'Espagne (dont la flotte représente aujourd'hui encore un cinquième du total européen). Dans les faits, cette politique se résume trop souvent à une gestion de la pénurie, dans ces interminables « marathons pêche » bruxellois, où les ministres consacrent des nuits blanches à concilier les recommandations des scientifiques (réduction des quotas pour sauver une ressource en voie d'extinction), les exigences des professionnels (davantage de droits de pêche) et les différents intérêts nationaux.

Enjeu. La pêche française a vécu au rythme des programmes de « modernisation » (en fait, de réduction des capacités) financés en partie par l'UE. L'avenir s'annonce sombre. (P.R.)

III
La liberté :
des femmes
et des hommes responsables

La démocratie respectée

45. Le mandat présidentiel sera ramené à cinq ans, renouvelable une fois, ou limité à sept ans sans possibilité d'être renouvelé.

Bilan. Après avoir éreinté le présidentialisme de la Ve République dans *Le Coup d'État permanent* (essai paru en 1964), François Mitterrand se coule « à merveille » dans le moule institutionnel imaginé par le général de Gaulle, au point de ne jamais remettre en cause le septennat. C'est en septembre 2000 que la France passe finalement au quinquennat, à l'occasion d'un référendum décidé par Jacques Chirac, à l'initiative de son Premier ministre Lionel Jospin (73,2 % de « oui », avec seulement 30,2 % de participation). Cette réforme s'accompagne d'une inversion du calendrier électoral, voulue par Lionel Jospin : une loi organique repousse les législatives de 2002 au lendemain de la présidentielle. Quant à l'interdiction de cumuler trois fois de suite le mandat de président, c'est Nicolas Sarkozy qui le fait finalement voter, en 2008.

Enjeu. L'instauration du quinquennat, couplée avec l'inversion du calendrier, n'a cessé depuis de susciter des critiques. En avril 2010, dans un entretien remarqué à Mediapart, Martine Aubry regrette ainsi, à titre personnel, que la brièveté du mandat présidentiel oblige le chef de l'État à « faire les choses rapidement et brutalement », « la visée électorale (devenant) plus importante que la visée politique ». Aussitôt, Dominique de Villepin (pourtant secrétaire général de l'Élysée en 2000) lui emboîte le pas : « Je n'ai jamais été favorable au quinquennat, je pense que le septennat donne la possibilité au président d'une plus grande respiration. » Malgré ces bémols, le PS ne prévoit pas, d'après son programme sur les institutions présenté en février 2011, de revenir sur les réformes de 2000. (M.Mat.)

46. Le Parlement retrouvera ses droits constitutionnels. Le recours à l'usage du vote bloqué sera limité.

Bilan. Toujours dans le *Coup d'État permanent*, François Mitterrand dénonçait le Conseil constitutionnel, cette « Cour suprême de musée Grévin », prompte à censurer le Parlement, interprétant la Constitution au service du seul pouvoir exécutif du général de Gaulle. En 1981, François Mitterrand promet donc de redonner tous « ses droits constitutionnels » au Parlement. Très vite, il oublie. En 1986, en nommant le socialiste Robert Badinter à la présidence du Conseil, il enterre une bonne fois pour toutes ses critiques.

Quant au vote bloqué, procédure inscrite à l'article 44-3 de la Constitution, qui permet au gouvernement de faire voter un texte en un seul bloc (plutôt qu'amendement par amendement), c'est-à-dire de tordre le bras au Parlement, les gouvernements de François Mitterrand s'interdisent quasiment d'y recourir entre 1981 et 1986, fidèles aux promesses de campagne (zéro fois en 1981 et 1982, une seule fois en 1983, 1984 et 1985). Cependant, dès 1988, gêné par une majorité ultra fragile à l'Assemblée, l'exécutif socialiste enterre ses bonnes pratiques et dégaine le 44-3 avec une régularité digne des gouvernements de droite. En plus, la gauche a recours en permanence à l'article 49-3 de la Constitution, qui autorise le passage en force sur un texte, sous la forme d'un engagement de responsabilité du gouvernement : de 1988 à 1993, le gouvernement use ainsi à trente-neuf reprises du « 49-3 ».

Enjeu. Pour moderniser le Conseil constitutionnel, il faudrait a minima supprimer les sièges réservés aux anciens présidents de la République, comme le propose le Parti socialiste aujourd'hui (une réforme balayée par l'UMP en 2008). Pour réhabiliter le Parlement, il faudrait surtout que les socialistes renoncent au présidentialisme. Ils en sont loin. (M.Mat.)

47. La représentation proportionnelle sera instituée pour les élections à l'Assemblée nationale, aux assemblée régionales et aux conseils municipaux pour les communes de 9 000 habitants et plus. Chaque liste comportera au moins 30 % de femmes.

Bilan. Le PS instaure la proportionnelle aux législatives de 1986, mais, comme le FN rafle illico trente-cinq sièges, les socialistes se ravisent et reviennent au scrutin majoritaire dès 1988. Quant aux conseillers régionaux, s'ils sont bien élus au scrutin proportionnel dès 1986, Lionel Jospin introduit une « prime majoritaire » en 1999.

Pour féminiser la politique, les socialistes, pleins d'allant, font voter dès 1982 un amendement qui interdit de présenter aux municipales des listes avec plus de 75 % de candidats du même sexe. Cependant le Conseil constitutionnel censure ce dispositif, refusant de diviser les citoyens « en catégories ». Cette décision va geler toute initiative pour deux décennies. Il faut attendre l'an 2000 pour que le gouvernement Jospin fasse voter la loi sur la parité, obligatoire depuis à tous les scrutins de liste. Aux législatives, le texte n'impose cependant qu'une parité facultative, les partis qui ne présentent pas 50 % de femmes pouvant s'acquitter d'une simple amende. Cette loi de 2000 est d'autant plus incomplète qu'elle ignore les municipales dans les villes de moins de 3 500 habitants, les cantonales (l'UMP corrige cet « oubli » en 2007) et les sénatoriales dans certains départements.

Enjeu. La parité n'a guère progressé dans les élections se jouant au scrutin uninominal. Ainsi, en 2007, la proportion de députées atteint tout juste 18,5 %, les partis préférant payer des pénalités plutôt que de faire de la place aux femmes dans les circonscriptions « gagnables ». Pour avancer, les socialistes proposent aujourd'hui de moduler les financements publics aux partis en fonction du nombre de candidates réellement élues députées.

Quant à l'idée d'une « proportionnelle intégrale » à l'Assemblée nationale, réclamée par le Front national, le parti de Martine Aubry refuse toujours de l'endosser, prônant plutôt l'introduction d'une « dose de proportionnelle ». (M.Mat.)

48. La représentation parlementaire des Français de l'étranger, comprenant non seulement des

sénateurs mais aussi des députés, sera assurée selon des procédures qui en garantiront le caractère démocratique.

Bilan. Les Français domiciliés à l'étranger étaient privés depuis 1958 de représentation directe à l'Assemblée nationale, se contentant de sénateurs. En 1981, pour mettre fin à cette discrimination, le PS leur promet des sièges de députés. Mais ils ne sont jamais passés à l'acte. Il faut en réalité attendre la révision constitutionnelle de Nicolas Sarkozy de 2008 pour que onze sièges – pour 2 millions d'expatriés – soient enfin créés (avec une première mise en œuvre en 2012).

Enjeu. En optant pour un scrutin majoritaire, et en découpant habilement les circonscriptions, l'UMP a fait en sorte qu'une majorité des nouveaux sièges tombent dans son escarcelle. Si le PS gagne la présidentielle, il devra, pour plus d'équité, instaurer un scrutin proportionnel. (M.Mat)

49. La vie publique sera moralisée : déclarations des revenus et du patrimoine des candidats aux fonctions de président de la République, de député et de sénateur ainsi que des ministres en exercice, avant et après expiration de leurs mandats.

Bilan. Il faut attendre mars 1988, soit les dernières semaines de la cohabitation entre François Mitterrand et Jacques Chirac, pour qu'une loi avance enfin, sous la pression de l'affaire Luchaire, sur la transparence financière de la vie politique. Ce texte, rédigé par le député Pierre

Mazeaud (RPR), en concertation avec Charles Pasqua au ministère de l'Intérieur, prévoit que les candidats à l'élection présidentielle déposent une déclaration de patrimoine (mais pas de revenus) au Conseil constitutionnel. Elle oblige également sénateurs et députés à communiquer leur déclaration de patrimoine (mais toujours pas de revenus) au bureau de leur assemblée. Quant aux ministres, ils doivent transmettre la leur à une commission indépendante, composée de hauts magistrats. Objectif : repérer les enrichissements suspects, en comparant les patrimoines de début et de fin de mandat. Inefficace, ce dispositif est un peu amélioré en 1995 (par un gouvernement de droite à nouveau).

Enjeu. Il demeure cependant inopérant : en deux décennies, la commission indépendante (désormais en charge des parlementaires) a transmis à peine une douzaine de cas à la justice, sans condamnation à la clef. Ses membres réclament depuis des années des pouvoirs d'investigation supplémentaires (notamment la capacité d'éplucher les revenus), qu'aucun gouvernement socialiste n'a daigné lui accorder. Une proposition de loi UMP, adoptée en première lecture à l'Assemblée en décembre 2010, lui en confère. Alors qu'elle prévoyait initialement une peine d'emprisonnement pour les élus remplissant des déclarations mensongères, Jean-François Copé (le patron de l'UMP) s'est toutefois arrangé pour transformer la prison en simple amende. (M.Mat)

Une justice indépendante

50. La justice sera appelée à faire toute la lumière sur les affaires dans lesquelles ont été mises en cause des personnalités publiques.

Bilan. La France de 1981 sort à peine de plusieurs scandales retentissants qui ont éclaboussé les années Pompidou et Giscard : l'avoir fiscal de Jacques Chaban-Delmas, l'escroquerie de la Garantie foncière, la corruption immobilière des « Chalandonnettes », au début des années soixante-dix, puis l'assassinat du député Jean de Broglie en 1976, la mort mystérieuse du ministre Robert Boulin en 1979, ou encore l'affaire des diamants offerts par le dictateur centrafricain Jean-Bedel Bokassa à Valéry Giscard d'Estaing. La gauche affiche donc de nouvelles valeurs. Las ! Les bonnes intentions – en forme de vœu pieux – affichées pour la justice en 1981 ont du mal à se traduire dans les faits.

La gauche au pouvoir connaît en effet rapidement à son tour la brûlure des affaires judiciaires, avec les dossiers financiers « Urba-Gracco » et « Carrefour du développement », puis le scandale du sang contaminé, l'attentat d'État contre le *Rainbow Warrior,* le délit d'initié de Pechiney-Triangle ou les écoutes illégales de l'Élysée. Autant dire que l'indépendance de la justice n'est plus au cœur des priorités de la gauche au pouvoir. L'impunité traditionnelle de la classe politique française va cependant se lézarder peu à peu, sous les coups de boutoir répétés des juges d'instruction et de la presse. Le « privilège de juridiction », qui permettait de dépayser les affaires impliquant les élus – et d'enliser du même coup durablement les enquêtes sensibles – disparaît en 1993. Cette même année, la Cour de justice de la République est créée, afin de juger les ministres pour les crimes et délits commis dans l'exercice de leurs fonctions – mais elle se montre très peu sévère, étant majoritairement composée de parlementaires.

De 1997 à 2002, la justice est parfois entravée. Ministre des Finances, Laurent Fabius refuse par exemple la levée du secret défense sur les commissions du groupe Elf Aquitaine à l'étranger. Depuis 2007, sur fond de scandales à répétition (affaires des frégates de Taiwan, Bettencourt,

Wildenstein, Karachi...), les entraves au bon fonctionnement de la justice sont si nombreuses qu'elles finissent par mettre en colère jusqu'aux procureurs.

Enjeu. Cette proposition est plus que jamais d'une brûlante actualité. Le pouvoir de nomination des procureurs, les directives données aux parquets, ainsi que le recours généralisé aux enquêtes préliminaires pour éviter de saisir des juges d'instruction indépendants, tout cela permet encore au pouvoir exécutif de garder la plupart des affaires sensibles sous contrôle. (M.D.)

51. L'indépendance des magistrats sera assurée par la réforme du Conseil supérieur de la magistrature.

Bilan. Arrivé au pouvoir en 1981, le PS tente de dénoyauter la hiérarchie judiciaire, empreinte de conservatisme et très majoritairement favorable à la droite. Comment arriver à déboulonner les hiérarques en place depuis de longues années et à promouvoir des magistrats censés être plus progressistes ? En ne mettant pas en œuvre la réforme annoncée du Conseil supérieur de la magistrature (CSM). Certes, un projet est élaboré début 1983 par le cabinet de Robert Badinter – ministre de la Justice de 1981 à 1986 (année de la première cohabitation) –, qui vise à donner plus d'indépendance à la justice et à amoindrir le poids du pouvoir exécutif dans la nomination des procureurs. Mais ce texte est repoussé par le président de la République. François Mitterrand, qui nourrit une méfiance viscérale à l'égard de la magistrature, préfère maintenir le lien hiérarchique avec le parquet. Le monarque républicain entend garder la main. Il est le président du CSM, et en nomme la plupart des membres directement ou indirectement. Le CSM millésime 1958 survit donc à la gauche mitterrandiste, qui en use pour impulser des nominations aux postes clefs de la magistrature, afin de rosir quelque peu le paysage judiciaire, avec plus ou moins de succès.

Enjeu. « Nous romprons avec les pratiques de la droite, qui procède à des nominations et mutations de copinage, que ce soit au CSM ou dans les parquets », écrit le PS en mars 2011, dans son programme intitulé « Pour une justice respectée, indépendante, efficace et protectrice ». Pour un peu, on se croirait revenu avant 1981. Autant dire que rien, ou presque, n'a changé depuis. De fait, le CSM a été réformé deux fois par la droite, avec les lois organiques du 5 février 1994 et du 22 juillet 2010. Le mode de désignation des membres du Conseil et leurs attributions ont évolué. Cependant, malgré quelques améliorations réelles, fondamentalement, le pouvoir exécutif a toujours le dernier mot pour nommer les procureurs généraux et les procureurs chargés d'appliquer l'action publique, l'avis du CSM n'étant qu'indicatif. Depuis 1995, sous Jacques Chirac et Nicolas Sarkozy, plusieurs strates successives de magistrats conservateurs ont été empilées à quasiment tous les postes stratégiques de la justice. Au point que l'on peut se demander quel parti, une fois revenu au pouvoir, oserait se priver du pouvoir de nominations et du lien hiérarchique avec le parquet… (M.D.)

52. Abrogation des procédures d'exception (Cour de sûreté, tribunaux militaires en temps de paix), de la loi « anti-casseurs » et de la loi Peyrefitte. Le principe fondamental de présomption d'innocence sera réaffirmé.

Bilan. De 1977 à 1981, les mouvements étudiants et l'ébullition sociale sont durement réprimés, un important arsenal législatif étant mis en œuvre sous la houlette d'Alain Peyrefitte (ministre de la Justice de Valéry Giscard d'Estaing de 1977 à 1981). Dès l'arrivée de la gauche au pouvoir, les juridictions d'exception sont abolies, la loi « sécurité et liberté » et la loi « anti-casseurs », jugées liberticides, sont abrogées. Promesses tenues.

Enjeu. Sensibilisée au thème de la présomption d'innocence par l'éclosion des affaires politico-financières, la classe politique (gauche et droite confondues) réforme par deux fois la procédure pénale en ce sens. C'est notamment le cas sous Michel Vauzelle, avec le remplacement de « l'inculpation » par la « mise en examen », en janvier 1993, puis sous Elisabeth Guigou, avec la loi du 15 janvier 2000, créant notamment le juge des libertés et de la détention. (M.D.)

53. Abrogation de la peine de mort.

Bilan. La peine de mort est abolie dès le 30 septembre 1981, malgré des sondages défavorables dans l'opinion. L'avocat Robert Badinter qui, en 1972, s'était battu en vain avec son confrère Philippe Lemaire pour sauver la tête de Roger Bontems, est le grand artisan de cette réforme emblématique.

Enjeu. En 2011, seul le Front national demande le rétablissement de la peine de mort. (M.D.)

Des contre-pouvoirs organisés ; un État décentralisé

54. La décentralisation de l'État sera prioritaire. Les conseils régionaux seront élus au suffrage universel et l'exécutif assuré par le président et le bureau. La Corse recevra un statut particulier. Un département du Pays basque sera créé. La fonction d'autorité des préfets sur l'administration des collectivités locales sera supprimée. L'exécutif du département sera confié au président et au bureau du Conseil général. La réforme des finances locales sera aussitôt entreprise. La tutelle de l'État sur les décisions des collectivités locales sera supprimée.

Bilan. La loi Deferre de 1982 met en œuvre une bonne partie des promesses socialistes, en transférant l'exécutif départemental du préfet au président du Conseil général et en transformant les régions en des collectivités territoriales de plein exercice. Puis, par deux nouvelles lois, en 1983, la gauche complète la réforme, en organisant un transfert des compétences et des ressources entre l'État et ces collectivités (action sociale, voirie, construction et fonctionnement des collèges aux départements ; développement économique et lycées, pour les régions). Par une loi constitutionnelle, en 2003, la droite achève la réforme, en organisant l'autonomie financière des collectivités concernées. La Corse, de son côté, bénéficie d'un statut particulier dès 1982, statut amendé en 1991 puis en 2002. François Mitterrand enterre, en revanche, le projet de département du Pays basque, de même que Lionel Jospin quand il est à Matignon.

Enjeu. La grande réforme n'a pas tenu ses promesses. D'abord parce que les institutions de la Ve République, véritable monarchie républicaine, méprisent tous les contre-pouvoirs ; la décentralisation n'a donc que très peu inversé ce courant, quand elle n'a pas donné naissance à des baronnies locales. Plus graves, les transferts de compétences ont permis à l'État, dont les finances sont en crise, de reporter sur les collectivités locales des charges considérables, collectivités qui elles-mêmes voient leurs finances exploser. Pour l'avenir, c'est une bombe à retardement. (L.M.)

55. Le secret administratif sera limité et l'administration contrainte à motiver ses actes et à exécuter les décisions de justice.

Bilan. Les socialistes n'ont rien fait, ou presque. La Commission d'accès aux documents administratifs (Cada) avait été créée dès 1978, et les socialistes n'en ont pas renforcé les prérogatives, qui sont très faibles. À l'instar des gouvernements de droite, ceux de gauche ont longtemps toléré que les pots-de-vin versés par les groupe français à l'étranger soient déductibles de l'impôt sur les sociétés pour peu qu'ils fassent l'objet d'une déclaration à la Direction générale des douanes et des impôts ; et que même les contrats civils soient frappés du secret défense.

Enjeu. La culture politique française a conforté la tradition du secret et a interdit à notre pays de suivre l'exemple de nombreuses grandes démocraties, qui, sur le modèle du Freedom of information act (FOIA) aux États-Unis, se sont dotées de législations progressistes donnant aux citoyens de vraies garanties d'accès à tous les documents de l'administration. En Suède, un citoyen n'a pas même à décliner son identité pour faire jouer ce droit. Et, en Islande, ce droit est élargi aux documents des entreprises quand celle-ci passent des marchés avec l'État ou sont aidées par lui. Il s'agit d'un immense chantier démocratique, dont, en France, la gauche ne s'est pas encore saisie. (L.M.)

56. La promotion des identités régionales sera encouragée, les langues et cultures minoritaires respectées et enseignées.

Bilan. L'apport de la gauche n'est pas marquant, car l'enseignement facultatif de certaines langues régionales (basque, breton, catalan, occitan) est en réalité autorisé par la loi depuis 1951, des décrets ultérieurs ayant seulement ajouté d'autres langues comme le corse, le tahitien ou les langues mélanésiennes. La révision constitutionnelle du 23 juillet 2008 a ajouté à la Constitution un article 75-1 : « Les langues régionales appartiennent au patrimoine de la France. »

Enjeu. Le débat public a perdu de son intensité. (L.M.)

57. Les communes, départements, régions bénéficieront pour assumer leurs responsabilités d'une réelle répartition des ressources publiques entre l'État et les collectivités locales. Celles-ci auront notamment la responsabilité des décisions en matière de cadre de vie : développement prioritaire des transports en commun, aménagement des rues, services sociaux, espaces

verts. Elles susciteront le développement de la vie associative, contribuant ainsi à l'animation de la ville, au rayonnement de ses activités, à l'affirmation de sa personnalité.

Bilan. Comme on l'a vu, lors de l'examen de la 54e proposition, les socialistes organisèrent très vite le transfert des compétences et des ressources. Mais trente ans plus tard, le système a explosé, et de nombreuses collectivités voient leurs finances publiques en danger, sauf à relever la fiscalité locale, qui est très inéquitable. La suppression de la taxe professionnelle décidée en 2010 par Nicolas Sarkozy et remplacée par la contribution locale rend la maîtrise des finances locales encore plus incertaine.

Enjeu. Pour la gauche, il sera immense : redonner des marges réelles de manœuvre financières aux communes ; redessiner une fiscalité locale plus juste. Elle a longtemps eu le projet d'asseoir la taxe d'habitation sur les revenus, mais le projet a été d'innombrables fois différé, Dominique Strauss-Kahn en particulier donnant la priorité à la baisse de la taxe professionnelle. (L.M.)

58. Pour les peuples de l'outre-mer français qui réclament un véritable changement, ouverture d'une ère de concertation et de dialogue à partir de la reconnaissance de leur identité et de leurs droits à réaliser leurs aspirations. Entre autres, dans les départements d'outre-mer, institution d'un conseil départemental, élu à la proportionnelle et responsable de la vie locale de chaque département avec consultation obligatoire

avant tout accord international touchant à la région du monde où ils se trouvent. La loi déposée à ce sujet par le groupe parlementaire socialiste sera soumise au Parlement dès la prochaine session de la législature.

Bilan. Malgré une forte hostilité de la droite, la réforme institutionnelle promise est votée par l'Assemblée en novembre 1982, mais censurée par le Conseil constitutionnel, saisi par le président du Sénat et les parlementaires du RPR. Ironie du sort, la collectivité unique est en passe d'être mise en œuvre en Martinique et en Guyane, sous l'impulsion de Nicolas Sarkozy, à l'issue des états généraux de l'outre-mer, organisés à la suite des grèves antillaises de 2009.

Enjeu. Outre l'étrangeté d'une différenciation des statuts avec la Guadeloupe ou la Réunion, ne conviendrait-il pas de se sortir de la seule stratégie élitaire de l'outre-mer, consistant à n'imaginer que des solutions institutionnelles pour traiter les DOM ? Répondre aux priorités sociale et économique ne devrait-il pas prévaloir, plutôt que la mise en œuvre de transferts de souveraineté, certes légitimes, mais non désirés par une large majorité de la population ultramarine actuelle ? (S.A.)

59. Le projet de loi sur la vie associative sera également soumis au vote du Parlement dès la prochaine session. L'élu social aura un statut reconnu. Les associations d'usagers du cadre de vie verront leurs droits largement accrus et des moyens matériels mis à leur disposition.

Bilan. Ayant pour but de favoriser l'exercice de responsabilités associatives avec des crédits d'heures et des congés animation, la reconnaissance du statut de l'élu social était l'une des missions du Conseil national de la vie associative, créé en 1983. Dans les années deux mille, plusieurs élus de tous bords réclament encore sa reconnaissance, rappelant combien le milieu associatif a souffert de la disparition des emplois-jeunes.

Enjeu. C'est surtout la reconnaissance dans la pratique de ce statut qui est demandée : défraiement, négociation avec l'employeur pour les autorisations d'absence. (M.T.)

La démocratie économique
Des droits nouveaux pour les travailleurs

60. Le comité d'entreprise disposera de toutes les informations nécessaires sur la marche de l'entreprise. Pour l'embauche, le licenciement, l'organisation du travail, le plan de formation, les nouvelles techniques de production, il pourra exercer un droit de veto avec recours devant une nouvelle juridiction du travail.

Bilan. Les lois Auroux de 1982 honorent cet engagement. Toutefois, sous le second septennat de François Mitterrand, le gouvernement prend ses distances avec, non pas la lettre, mais l'esprit de cet engagement : il renonce à rétablir l'autorisation préalable de licenciement que la droite avait supprimée en 1986. Après leur débâcle de 1993, les socialistes avouent qu'ils ont commis une erreur et promettent de rétablir cette autorisation préalable. Pourtant, après 1997, Lionel Jospin ne tient toujours pas parole.

Enjeu. Les socialistes n'ont pas répondu jusqu'à présent à la question : en cas d'alternance en 2012, sortiraient-ils l'inspection du travail du rôle marginal dans lequel la droite l'a confinée, mais aussi en partie la gauche, dans une logique ultralibérale ? (L.M.)

61. Le comité d'hygiène et de sécurité aura le pouvoir d'arrêter un atelier ou un chantier pour des raisons de sécurité.

Bilan. Faut-il permettre aux salariés d'arrêter le travail ? En 1982, le débat est vif à l'Assemblée nationale. Finalement, le législateur coupe la poire en deux : les CHSCT, rendus obligatoires dans les entreprises de plus de cinquante salariés, peuvent lancer une procédure d'alerte en cas de « danger grave et imminent », qui peut conduire l'inspecteur du travail à décider d'arrêter le travail. Et chaque salarié ou fonctionnaire dispose d'un droit de retrait s'il s'estime en danger. Depuis les années quatre-vingt, les pouvoirs du CHSCT ne cessent d'être étendus. Les élus peuvent bénéficier de formations, ils doivent être consultés en cas de réorganisations. Et, depuis 2002, ils sont chargés de veiller à la santé mentale du salarié.

Enjeu. Sur le papier, les élus du CHSCT ont acquis des droits nouveaux en trois décennies. Dans la pratique, cela est plus compliqué : le travail se précarise, la sous-traitance et l'intérim se développent, et la souffrance psychologique augmente. Des réalités que l'entreprise continue trop souvent de nier. (M.M.)

62. La gestion du secteur public sera largement décentralisée. Les instances de direction des entreprises seront, soit tripartites (collectivités publiques, travailleurs, usagers), soit formées par la coexistence d'un conseil de gestion élu par les travailleurs et d'un conseil de surveillance. Les représentants des travailleurs seront élus directement à la proportionnelle et à la plus forte moyenne. Des conseils d'unité et d'atelier élus par les travailleurs seront instaurés. Un secteur d'économie sociale, fondé sur la coopération et la mutualité, expérimentera des formes nouvelles d'organisation des travailleurs.

Bilan. La gauche rate la modernisation du dialogue social au sein du secteur public, qui aurait pu servir de référence pour le privé. La nationalisation est à peine réalisée en 1982 que déjà le gouvernement change de cap l'année d'après. Dès 1984, le principe d'autonomie des entreprises du secteur public est affirmé. Et tous les projets de décentralisation, d'association des salariés aux choix de la stratégie des entreprises sont oubliés. En pleine conversion libérale, il n'est pas question de jouer à « vive la sociale » et de favoriser la participation et la discussion, que ce soit avec les salariés ou avec les usagers.

Les dirigeants des entreprises du secteur public retrouvent leur pouvoir absolu, jusqu'à celui d'organiser, sans beaucoup de discussion avec leur actionnaire, l'État, leur propre privatisation. Dans le même temps, se mettent en place des organisations et des règles de management, notamment dans les entreprises publiques, calquées sur celles du privé, qui aboutissent à une individualisation de la politique des rémunérations.

Une seule mesure, prévue dans le cadre des lois Auroux de 1982, permet une petite différenciation avec le privé : les salariés ont des administrateurs au conseil d'administration. Ces postes sont occupés par des représentants syndicaux, en fonction des résultats de chaque syndicat aux élections professionnelles. Mais ils n'ont jamais de réelle influence. Même s'ils connaissent très bien les dossiers et l'entreprise, leur voix n'est jamais décisive, à peine consultative.

Le discours, développé par la droite, visant à présenter les salariés du secteur public comme des privilégiés, à dénier à l'État la moindre exemplarité, à refuser que le secteur public puisse servir de contrepoint social au privé, contribue à affaiblir encore le secteur public. Les privatisations successives dans les entreprises publiques, les coupes budgétaires, les réductions d'effectifs et les réorganisations incessantes ont conduit à un appauvrissement intellectuel et technique, une désorganisation, une démoralisation au sein de tout le secteur public, les suicides chez France Telecom n'étant que la pointe émergée de l'iceberg de cette désolation. Et tout cela se déroule dans l'indifférence générale, malgré les alarmes répétées des médecins du travail. Les usagers, dont l'intérêt est invoqué pour mener ces réformes brutales, sont aussi sacrifiés : ils n'ont plus le service d'avant, mais les factures s'envolent.

Enjeu. Le malaise est si profond, si multiforme dans le secteur public qu'il va être difficile d'y remédier rapidement. Les propositions de la gauche sur ce dossier sont inexistantes, au-delà des incantations sur son maintien. Les syndicats traditionnels, noyés dans le formalisme, n'aident pas non plus à la réflexion et ne constituent pas une force de proposition. Des pistes existent pourtant, tracées notamment par des chercheurs, des sociologues, qui reposent la question du secteur public, de ses missions, du lien social avec le pays, mais aussi du secteur public comme lieu de cette classe moyenne, grande sacrifiée des dernières décennies. (M.O.)

63. La participation effective des ingénieurs, techniciens et cadres sera assurée et leur rôle reconnu au sein des organismes représentants de l'ensemble des salariés : comités d'entreprise, comités de groupe et de holding dans les entreprises de droit privé, conseil d'administration tripartites, conseils d'unité ou d'atelier dans le secteur public.

Bilan. Cette proposition tombe dans l'oubli. Même s'il existe des syndicats de cadres, une représentation des catégories de l'encadrement dans les comités d'entreprise et dans les instances sociales, tout cela reste très formel. Les cadres, d'ailleurs, sont une population en voie de disparition du fait des nouvelles organisations du travail. La plupart d'entre eux ont vu leurs compétences rognées ou niées et ont rejoint la grande masse des exécutants. Une infime partie, elle, a été associée au sort des dirigeants des entreprises : la distribution de stocks-options et d'avantages divers a été un des moyens les plus efficaces pour se les attacher.

Enjeu. Nicolas Sarkozy a mis en œuvre une réforme très grave contre les cadres, celle qui a trait au forfait-jour – il s'agit du système pervers qui a été mis sur pied pour l'encadrement, dont le travail et les responsabilités ne pouvaient pas être encadrés dans la formule des 35 heures hebdomadaires. La gauche voudra-t-elle la remettre en cause ? (M.O.)

Des droits égaux pour les femmes

64. L'égalité des chances devant l'emploi sera garantie par une réelle mixité de toutes les filières de formation professionnelle (quotas minima). Les crédits seront affectés à la formation continue en fonction du nombre et du sexe des salariés de l'entreprise dans chaque catégorie. La loi supprimera la notion de « motif légitime » invoquée pour refuser à une femme l'accès à un emploi.

Bilan. Ces points tiennent particulièrement à cœur aux féministes du PS en 1981, tant les inégalités dans l'accès à l'emploi et dans la qualification sont patentes. La preuve, l'idée assumée d'appliquer des « quotas », notion pourtant quasi taboue en France. Une campagne est aussi lancée de 1982 à 1986 pour encourager les filles à rejoindre les filières de formation masculines, avec pour slogan « Les métiers n'ont pas de sexe ». Par ailleurs, il n'y a plus aujourd'hui de « motif légitime » pour empêcher une femme d'accéder à un emploi (à de rares exceptions près) : la loi Roudy sur l'égalité professionnelle de 1983 interdit ainsi d'embaucher, de muter ou de licencier un salarié en fonction de son genre. Est également prohibée la mention du sexe dans une offre d'emploi. Depuis 2008, l'article 1er de la Constitution stipule que « la loi favorise l'égal accès des femmes et des hommes aux mandats électoraux et fonctions électives, ainsi qu'aux responsabilités professionnelles et sociales ».

Enjeu. En trente ans, des progrès ont été réalisés. Mais les études récentes montrent que les inégalités persistent dans l'accès à l'emploi et, en amont, dans l'accès à la formation. À titre d'exemple, parmi les lauréats du baccalauréat général en 2008, 65,4 % des garçons obtiennent un bac scientifique, contre 41,8 % des filles. Résultat, les métiers restent malgré tout très sexués, surtout pour les moins qualifiés, et les femmes peu présentes dans la direction des entreprises. Une loi très récente prévoit ainsi que d'ici janvier 2017 les conseils d'administration des entreprises de plus de 500 salariés (ou réalisant plus de 50 millions d'euros de chiffre d'affaires) devront être composés à 40 % de femmes. (L.B.)

65. L'égalité de rémunération entre hommes et femmes sera garantie – et appliquée – au terme d'une négociation des conventions collectives dans chaque branche professionnelle.

Bilan. Le premier pas est franchi avec la loi du 13 juillet 1983, dite « loi Roudy » (du nom d'Yvette Roudy, ministre des Droits des femmes de 1981 à 1986), qui établit l'égalité professionnelle entre hommes et femmes. Le texte prévoit notamment la possibilité de négocier un plan d'actions dans l'entreprise et l'obligation de produire un rapport annuel sur la situation professionnelle des hommes et des femmes. Mais sans aucune sanction à la clef. La loi reste donc en partie lettre morte. Il faut ensuite attendre la loi dite « Génisson » du 10 mai 2001 (Catherine Génisson, députée du Pas-de-Calais), sous la gauche plurielle, pour renforcer le dispositif. Cette fois, l'égalité professionnelle est intégrée aux autres négociations annuelles obligatoires au sein des entreprises et doit être prise en compte dans chaque discussion au sein de l'entreprise.

Enjeu. Trente ans plus tard, les inégalités de salaire entre hommes et femmes restent l'aspect le plus criant des discriminations de sexe en France (avec les violences). Tous temps de travail confondus, les femmes touchent au total 27 % de moins que les hommes. Une disparité qui s'explique en partie par la précarité, puisque les femmes sont beaucoup plus nombreuses dans le temps partiel et dans les postes les moins rémunérés. Mais on considère que, même à poste et expérience équivalents, les femmes touchent 10 % de moins. L'écart s'est certes atténué depuis les années cinquante mais il stagne depuis vingt ans environ. En 2006, une loi a été votée, comprenant des sanctions à l'égard des entreprises qui paieraient moins les femmes que les hommes. Mais le décret d'application n'a jamais été publié. Après le mouvement contre la réforme des retraites à l'automne 2010, où le sujet est revenu avec force dans le débat, le gouvernement de droite a promis d'appliquer ces sanctions. (L.B.)

66. Le statut de travailleuses à part entière sera reconnu aux conjointes d'agriculteurs, de commerçants et d'artisans, actuellement considérées comme sans profession.

Bilan. La loi du 10 juillet 1982 a créé le statut de conjoint collaborateur pour les commerçants et artisans, qui reconnaît son activité professionnelle et lui permet d'acquérir des droits sociaux. Jusque-là, son travail était comme invisible, assimilé à une forme d'entraide conjugale. En cas de divorce ou de veuvage, l'épouse se retrouvait sans ressources. Le statut a été étendu aux couples pacsés en 2006. En revanche, pour les agriculteurs, il a fallu attendre la fin des années quatre-vingt-dix. Mais il n'est assorti que de droits partiels.

Enjeu. D'immenses progrès restent à accomplir, notamment en matière de couverture maladie et de retraite. (L.B.)

67. L'information sur la sexualité et la contraception sera largement diffusée dans les écoles, les entreprises, les mairies, les centres de santé et d'orthogénie, et par les médias. La contraception sera gratuite, les conditions d'obtention de l'IVG seront révisées.

Bilan. À partir de 1982 (loi du 31 décembre), l'IVG (interruption volontaire de grossesse), autorisée en France depuis la loi Veil de 1975, est remboursée par la Sécurité sociale. Mais il faut ensuite attendre la loi Aubry de 2001 pour voir ses conditions d'obtention assouplies : le délai est allongé à douze semaines, l'entretien social n'est plus obligatoire et l'autorisation parentale pour les mineures supprimée. L'avortement médicamenteux est aussi étendu, pouvant désormais être prescrit dans un cabinet médical ou un centre de planification. La contraception n'a, quant à elle, jamais été rendue gratuite.

Concernant l'information sur la sexualité et la contraception, une note de service est envoyée dès décembre 1981 aux recteurs pour s'adresser aux élèves des collèges et lycées. Une grande campagne est aussi lancée en 1982, avec encarts dans la presse, affichage dans les espaces publics, tracts et même spots télévisuels... Mais il faut attendre le fléau du sida, à la fin des années quatre-vingt, pour que le législateur s'empare du sujet : la publicité relative aux contraceptifs – dont les préservatifs – n'est autorisée qu'à partir de 1991. Et ce n'est que dix ans plus tard, avec la loi de 2001, que l'éducation à la sexualité devient obligatoire dans les écoles.

Enjeu. Si du point de vue législatif de nombreuses avancées ont été réalisées, elles restent inégalement appliquées et sont parfois de facto remises en cause. De nombreux centres IVG ferment, faute de crédits, ou faute de médecins. La loi n'est pas toujours appliquée, notamment en ce qui concerne l'accès à l'avortement des mineures. La contraception, quant à elle, s'est certes largement démocratisée, mais elle est devenue de plus en plus payante avec l'arrivée de nouveaux moyens contraceptifs depuis les années quatre-vingt-dix : les pilules de troisième génération, les anneaux et les patchs ne sont pas remboursés. Concernant l'éducation sexuelle, elle a beau être obligatoire, elle repose sur le bon vouloir des chefs d'établissements. Au grand dam des associations féministes, qui souhaitent l'étendre et y prévoir une sensibilisation à l'égalité entre garçons et filles et aux différentes pratiques sexuelles (hétéro/homosexualité...). (L.B.)

68. L'égalité devant l'emploi, pour les femmes, exige un vaste programme d'équipements collectifs : 300 000 places de crèche seront créées prioritairement.

Bilan. Trente ans après, le nombre de places en crèche en France est estimé autour de 350 000 seulement : la priorité n'en a pas été une. Si les modes alternatifs de garde d'enfant se sont développés, un rapport remis en 2008 par la députée UMP Michèle Tabarot estime la création de places en crèche nécessaires... au moins à 300 000, et le chiffre avancé par de nombreux autres organismes est de 600 000.

Enjeu. En plus du manque criant de structures, l'accueil des jeunes enfants rencontre de très fortes inégalités sur le territoire (sud-est, sud-ouest et nord de la France sont très en retard). Cette situation pose avec acuité la question d'une scolarisation plus précoce, ainsi que les socialistes le préconisent en rendant obligatoire l'accueil scolaire dès deux ans quand les parents en font la demande, et rendre obligatoire la scolarité dès trois ans. Dans sa « convention sur l'égalité réelle », adoptée en novembre 2010, le PS propose aussi d'imposer un taux minimum d'accueil par commune de 15 000 habitants, sur le modèle de la loi SRU pour le logement social. (S.A.)

69. La dignité de la femme sera respectée, notamment à travers l'image qui est donnée d'elle dans les manuels scolaires, la publicité, la télévision. Les associations de défense des droits des femmes pourront se porter partie civile en cas de discrimination.

Bilan. Cette proposition fait l'objet d'un projet de loi, préparé par Yvette Roudy et adopté en conseil des ministres en 1983. Mais le texte suscite une telle levée de boucliers qu'il est abandonné, accusé d'attenter à la liberté d'expression. Il faut attendre 2004 pour que les propos sexistes et homophobes deviennent condamnables et passibles de sanction, même s'ils ne sont toujours pas considérés avec la même gravité que les propos racistes. Yvette Roudy envoie par ailleurs dès 1982 une directive aux éditeurs de manuels scolaires pour veiller à ce que l'image des femmes ne soit pas systématiquement celle d'une mère au foyer dans sa cuisine… En revanche, concernant la publicité, la profession réussit à convaincre les autorités de son autorégulation, via une autorité dédiée. Au grand dam des Chiennes de garde, ce mouvement féministe lancé en 1999…

Enjeu. Les féministes n'ont cessé de l'expliquer ces dernières décennies : le sexisme au quotidien est à la fois une forme de violence symbolique, et une des racines des violences faites aux femmes. En France, 75 000 femmes sont violées chaque année, soit 200 femmes par jour, une toutes les sept minutes. Peu encore portent plainte, et encore moins voient leur violeur condamné. Les associations féministes, après de longues années de bataille, ont fini par obtenir il y a un peu une loi-cadre sur les violences faites aux femmes. (L.B.)

70. Un fonds de garantie, chargé de la récupération des pensions alimentaires, viendra en aide aux femmes divorcées chefs de famille. La pension de réversion sera égale pour les deux conjoints et pourra se cumuler avec des droits propres. Une allocation sera versée aux veuves et divorcées pendant deux ans minimum moyennant leur inscription à l'ANPE ou à un stage de formation professionnelle.

Bilan. Le 8 mars 1982, lors de la première journée des femmes (la date est aujourd'hui célébrée dans le monde entier), François Mitterrand annonce un dispositif de récupération des pensions alimentaires. Le 22 décembre 1984, la loi autorisant l'intervention des caisses d'allocations familiales dans le recouvrement des pensions alimentaires impayées est promulguée. Mais elle ne règle pas tout, loin de là, puisque nombreuses sont celles (et ceux..., quelques hommes sont concernés) qui doivent encore réclamer en justice le paiement des pensions dues. Quant à la pension de réversion, créée en 1945 pour assurer un minimum de ressources aux personnes veuves, elle est portée à 52 % du revenu du conjoint décédé en 1982, à 54 % en 1995 (sous Chirac), et encore majorée de 11 % en 2010, mais seulement pour les retraites inférieures à 807 euros par mois. Chaque mois, 2,6 millions de pensions de réversion sont versées par la Cnav, la caisse de retraite du secteur privé. Les bénéficiaires sont des femmes, dans 95 % des cas.

Enjeu. Douze ans après la création du pacte civil de solidarité par la gauche, les pensions de réversion ne sont toujours pas ouvertes aux conjoints pacsés, qu'ils soient homosexuels ou hétérosexuels. Une discrimination choquante. (M.M.)

La famille et l'enfant

71. Un congé parental ouvert pour moitié au père et à la mère, rémunéré et assorti de garantie de réintégration dans l'emploi, sera accordé aux parents d'enfants de moins de deux ans.

Bilan. Le congé parental d'éducation avait été créé en 1977, mais les pères n'y avaient pas droit, pas plus que les femmes travaillant dans des entreprises de moins de cent salariés.

La loi du 4 janvier 1984 permet à n'importe quel salarié ayant un an d'ancienneté à son poste de suspendre son contrat de travail à partir de la naissance et jusqu'aux trois ans de son enfant, avec l'assurance de retrouver à terme son emploi initial ou l'équivalent. Pendant le congé, le salarié n'est pas rémunéré par son employeur pour la période non travaillée, sauf si un accord collectif le prévoit. En revanche, s'il remplit certaines conditions, il peut percevoir de la CAF (Caisse d'allocations familiales) un complément de libre choix d'activité (560 euros environ en cas de non-activité totale).

Enjeu. Ce congé parental d'éducation est pris soit par le père, soit par la mère. Il ne peut être partagé, comme cela était proposé en 1981. (M.H.)

72. Une allocation familiale unique sera versée dès la déclaration de grossesse et dès le premier enfant.

Bilan. L'allocation familiale unique, qui visait à réunir toutes les allocations, n'a jamais vu le jour. En revanche, une allocation de grossesse a bien été créée en 1985. L'APJE (allocation pour jeune enfant) était perçue pendant neuf mois, sans conditions de ressources. Elle a été supprimée et remplacée par la PAJE (prestation d'accueil du jeune enfant), qui permet de toucher une prime sous conditions de ressources.

Enjeu. Certaines allocations familiales doivent-elles être distribuées quels que soient les revenus ? En 1998, le gouvernement Jospin s'était risqué à suggérer l'idée, avant de faire marche arrière face au tollé suscité. (M.H.)

73. Un Institut de l'enfance et de la famille sera mis en place avec la participation des représentants du Parlement, des syndicats, des associations familiales et de jeunesse, de la profession médicale et des enseignants.

Bilan. L'Institut de l'enfance et de la famille est créé le 22 février 1984 avec pour mission d'étendre, d'approfondir et de diffuser la connaissance relative aux réalités de l'enfance et de la famille sous la tutelle du ministère de la Solidarité entre les générations. Cet institut sera dissout par le gouvernement d'Alain Juppé en 1996, remplacé par le CIDEF (Centre international de l'enfance et de la famille), qui lui-même disparaîtra en 1999, faute de financements. Les archives sont alors transférées à la bibliothèque universitaire d'Angers.

Enjeu. La structure n'a pas marqué son époque. Les débats sur la famille ont aujourd'hui lieu au HCF (Haut Conseil à la famille). (M.H.)

Le droit d'être elle-même pour la jeunesse

74. Les jeunes seront éligibles dès dix-huit ans pour les élections politiques et dès seize ans pour les élections professionnelles.

Bilan. Il y a quelques mois encore, l'âge d'éligibilité était de dix-huit ans pour les élections municipales, cantonales et régionales, vingt-trois ans pour la présidentielle et les législatives, trente ans pour les sénatoriales. Mais, en décembre 2010, l'Assemblée nationale a abaissé, en première lecture, à dix-huit ans l'âge requis pour être candidat aux législatives, aux européennes et à la présidentielle. En mars 2011, le Sénat a voté l'abaissement à vingt-quatre ans de l'âge d'éligibilité des sénateurs, et non à dix-huit ans, comme le proposait un amendement du groupe CRC-SPG (Parti communiste et Parti de gauche) soutenu par le PS. Concernant les élections professionnelles, s'il faut avoir au moins seize ans pour voter, il faut être âgé de dix-huit ans révolus pour être candidat.

Enjeu. Aujourd'hui, alors que la majorité présidentielle souhaite abaisser l'âge de la majorité pénale à seize ans, certains, comme l'Association des jeunes de France, militent pour que tous les citoyens en âge de voter puissent se présenter aux élections. (M.T.)

75. La liberté de réunion dans tous les établissements scolaires sera garantie pour les parents d'élèves ainsi que pour les élèves dans les lycées et les LEP. Les délégués de classe participeront aux conseils de classe et la gestion des foyers socio-éducatifs sans que leurs droits puissent subir de restriction.

Bilan. De vrais progrès sont réalisés, avec notamment en 1985 l'introduction des délégués des élèves dans les conseils de classe des collèges et lycées. En principe, les élèves des lycées et collèges publics disposent déjà des droits reconnus par les lois du 30 juin 1881 sur la liberté de réunion, du 29 juillet 1881 sur la liberté de la presse et du 1er juillet 1901 relative au contrat d'association. Mais il faut attendre février 1991 pour qu'un décret précise les conditions d'application du droit de réunion des élèves (restreint dans les collèges aux délégués de classe) et crée les conseils académiques de la vie lycéenne. D'autres instances démocratiques lycéennes ont depuis vu le jour, la dernière étant le conseil de la vie lycéenne en 2000.

Enjeu. Le débat a ressurgi lors du mouvement contre la réforme des retraites de l'automne 2010, des organisations lycéennes, de parents d'élèves et d'enseignants ayant constaté l'impossibilité de tenir des assemblées générales dans certains lycées (refus des demandes de salle, interdiction d'affichage pour information). (L.F.)

76. Les appelés au service national auront la liberté de réunion et d'association. L'objection de conscience sera respectée selon les termes de la loi.

Bilan. En 1983, la loi Joxe assouplit fortement le statut d'objecteur de conscience, devenu une forme de service civil. La fin de la conscription, décidée par Jacques Chirac en 1996, est promulguée en novembre 1997.

Enjeu. Les militaires n'ont toujours pas la moindre liberté d'association et de réunion, et ne peuvent pas non plus exprimer publiquement leurs désaccords en matière de Défense. Un vœu pieux, alors que la détention du soldat américain Bradley Manning, source présumée de Wikileaks, suspecté d'avoir révélé des câbles diplomatiques ayant trait notamment à des exactions de l'armée américaine en Irak, fait polémique. (S.A.)

77. L'enseignement technique sous toutes ses formes recevra les moyens nécessaires en personnel et en matériel afin qu'aucun jeune, fille ou garçon, n'arrive dans le monde du travail sans qualification professionnelle.

Bilan. Pour répondre à plusieurs études prévoyant un manque de travailleurs suffisamment qualifiés dès 2000, Jean-Pierre Chevènement, ministre de l'Éducation, fixe en 1985 l'objectif « très ambitieux » de 80 % d'une classe d'âge au bac d'ici l'an 2000. Le 23 décembre 1985, la création, par une loi, du programme des bacs professionnels doit permettre la progression du nombre de bacheliers.

Enjeu. De 1980 à 2009, le nombre annuel de bacheliers a effectivement plus que doublé et leur proportion dans une génération est passée d'un quart à près des deux tiers (65 % à la session 2009). Le développement de la voie professionnelle a fortement contribué à cette démocratisation de l'enseignement : en 2008-2009, près de la moitié des élèves de terminale préparaient ainsi un bac technologique ou professionnel. Mais, au sein du système scolaire, la voie professionnelle demeure souvent considérée comme une voie de relégation. Et quelque 150 000 jeunes sortent aujourd'hui chaque année du système scolaire français sans aucun diplôme ni qualification. (L.F.)

78. La vignette moto sera supprimée.

Bilan. L'instauration d'une vignette moto en septembre 1979 provoque des manifestations sans précédent de motards dans tout le pays. L'année suivante se crée la

Fédération française des motards en colère (FFMC) pour protester contre les tarifs d'assurance, les questions de sécurité... et la vignette. Son appel au boycott est largement suivi, chaque semaine des milliers de motards se retrouvent place de la Bastille, à Paris. La suppression de la vignette moto est l'une des premières mesures prises par le gouvernement socialiste, dès juin 1981.

Enjeu. Le projet d'une vignette réapparaît régulièrement. Et, tout aussi régulièrement, la FFMC le fait échouer... (F.B.)

De nouveaux droits pour les immigrés

79. Les discriminations frappant les travailleurs immigrés seront supprimées. Les refus de délivrance de cartes de séjour devront être motivés.

Bilan. L'origine et la nationalité restent des facteurs discriminants à l'embauche et dans l'évolution de carrière. Différents « testings », réalisés depuis le début des années deux mille, montrent que les candidats d'origine maghrébine ou d'Afrique subsaharienne ont, à formation, qualification et éléments de carrière comparables, trois à cinq fois moins de chance d'être convoqués à un entretien de recrutement que les candidats d'origine européenne. Selon l'Insee, le taux de chômage des immigrés est deux fois plus élevé que celui des non-immigrés. Pour faciliter le recours en justice des salariés, le gouvernement de Lionel Jospin fait adopter la loi contre les discriminations au travail du 16 novembre 2001. Celle-ci bouscule les pratiques en aménageant la charge de la preuve. Jusqu'alors c'était au salarié, en cas de litige, de prouver qu'il était victime de discrimination. Désormais, c'est à l'employeur de se justifier. En outre, la discrimination devient un délit passible de trois ans d'emprisonnement et de 45 000 euros d'amende. Mais, selon un bilan réalisé à la demande du ministère du Travail, la loi « n'a pas permis, loin de là, de faire émerger toutes les discriminations qu'on pressent dans les entreprises, notamment raciales ». Les procès en ce domaine restent peu nombreux. La Haute Autorité de lutte contre les discriminations et pour l'égalité (Halde) est créée par la loi du 30 décembre 2004. Cette instance peut se saisir elle-même des pratiques illégales dont elle a connaissance. Elle dispose de pouvoirs d'investigation pour instruire les dossiers, peut exiger des documents et des preuves que la victime n'a pas pu obtenir et est autorisée à entendre des témoins.

Sous le gouvernement de Dominique de Villepin, la loi sur l'égalité des chances du 31 mars 2006 rend obligatoire l'utilisation des CV anonymes pour les entreprises de plus de 50 salariés. Faute de décret d'application, cette mesure demeure peu utilisée. Quant aux refus de délivrance des cartes de séjour, ils sont censés être motivés, de même que les refus de renouvellement. Mais les associations de défense des droits des étrangers se plaignent de la vacuité des refus opposés par les préfets et/ou le ministère de l'Intérieur. Souvent, la décision se borne à relever que la situation personnelle ou familiale de l'intéressé ne justifie pas son admission au séjour, sans indiquer sur quels éléments l'administration fonde son affirmation. Ou alors l'administration fait valoir que l'étranger représente une menace pour l'ordre public sans mentionner les faits qui lui sont reprochés.

Enjeu. Avec l'accession de Nicolas Sarkozy à la présidence de la République, les questions de discrimination, et d'intégration en général, passent en arrière-plan, alors même que les écarts se creusent, notamment parmi les plus qualifiés. Pire, certaines initiatives publiques, comme la création d'un ministère de l'Immigration et de l'Identité nationale, l'organisation du « débat » sur l'identité nationale et l'offensive contre les Roms contribuent à libérer les propos xénophobes et racistes. L'opposition critique fortement cette banalisation, tout en apparaissant en retrait sur les propositions. Au PS, Martine Aubry, en novembre 2009, se dit favorable à « une large régularisation » des sans-papiers à la tribune du congrès des jeunes socialistes à Grenoble. Mais, un an plus tard, la « convention pour l'égalité réelle », supposée préparer le programme en vue de la présidentielle, ne retient qu'un nombre limité et convenu de mesures concernant les personnes d'origine étrangère. Pas un mot, par exemple, sur la manière de remédier à l'accueil désastreux que leur réserve l'administration. (C.F.)

80. L'égalité des droits des travailleurs immigrés avec les nationaux sera assurée (travail, protection sociale, aide sociale, chômage, formation continue). Droit de vote aux élections municipales après cinq ans de présence sur le territoire français. Le droit d'association leur sera reconnu.

Bilan. S'ils subissent des discriminations à l'embauche et au cours de leur carrière, les travailleurs étrangers bénéficient, théoriquement, des mêmes prérogatives que les nationaux une fois qu'ils sont employés. S'agissant des conditions de travail, des rémunérations, du contenu du contrat de travail, des conditions d'embauche et de licenciement, le Code du travail n'établit aucune distinction.

Le droit d'association est acquis par la loi du 9 octobre 1981. Obtenus par étape, les droits syndicaux finissent d'être alignés en 1982. Mais un nombre considérable de professions et d'emplois reste fermé aux étrangers non ressortissants d'un État de l'Union européenne. En 1999, le cabinet de consultants Brunhes remet au gouvernement de Lionel Jospin un rapport en dénombrant 7 millions, soit 30 % de l'ensemble des emplois. La jurisprudence européenne modifie néanmoins la donne dans le secteur public, qui s'ouvre progressivement aux ressortissants communautaires. Après la loi du 26 juillet 2005, seuls les postes impliquant l'exercice de la souveraineté ou mettant en œuvre des prérogatives de la puissance publique sont réservés aux nationaux. Mais, pour les non-communautaires, on est encore loin du compte. En février 2009, le Sénat adopte à l'unanimité une proposition de loi présentée par le PS « visant à supprimer les conditions de nationalité qui restreignent l'accès des travailleurs étrangers à l'exercice de certaines professions libérales ou privées ». L'Assemblée nationale, sous l'impulsion du groupe UMP, la rejette.

Enjeu. Promis régulièrement par la gauche, le droit de vote des étrangers aux élections municipales n'a jamais trouvé de traduction législative. Une fois encore, il devrait être inscrit dans le programme du PS pour 2012. « Un citoyen est d'abord une personne qui vit dans la cité et contribue à ses activités. Il est temps de mettre fin à une discrimination qui perdure entre les étrangers communautaires et ceux issus des pays hors Union européenne », peut-on lire dans le texte des socialistes sur l'égalité réelle. Mais la gauche a déjà eu plusieurs occasions de passer des bonnes intentions aux actes. En vain. (C.F.)

81. Le plan fixera le nombre annuel de travailleurs étrangers admis en France. L'Office national d'immigration sera démocratisé. La lutte contre les trafics clandestins sera renforcée.

Bilan. La proposition de fixer le nombre annuel de travailleurs étrangers admis sur le territoire n'est pas suivie d'effets. Même en 1981, où l'on put observer des améliorations dans les droits des étrangers, le dogme arrêté en 1974 de suspendre l'immigration de travail n'est pas remis en cause. Deux grands objectifs dominent de manière continue : maîtrise des « flux » et lutte contre l'immigration irrégulière. Pendant deux décennies, des opérations de régularisations exceptionnelles alternent avec des périodes de fermeture. Plutôt que d'être cohérente et rationnelle, la politique migratoire fluctue en fonction des intérêts politiques du moment, et notamment des succès électoraux du Front national. Avec la reprise économique, le rapport des Nations unies de mars 2000 sur les migrations remet à l'ordre du jour la nécessité d'assouplir les règles d'entrée en raison du manque de main-d'œuvre. Face au vieillissement démographique accéléré et à la diminution de la population d'âge actif, il évalue les besoins en Europe à l'horizon 2050 : entre 47 et 700 millions. En France, Bercy et différentes structures font leurs propres calculs. Nicolas Sarkozy, alors ministre de l'Intérieur, veut mettre en place des quotas d'immigration. Mais il renonce, préférant durcir globalement les droits d'entrée et de séjour des étrangers.

Enjeu. Même si elle se pose avec moins de vigueur en raison de la crise économique, la question de l'ouverture des frontières, ou tout du moins de leur plus grande fluidité, reste incontournable à moyen et long terme. Pourtant, de peur d'être taxés d'angélisme, les socialistes, divisés, restent prudents. Et proposent le statu quo, comme dans le programme du PS de 2007, qui fait de l'immigration un « atout », « à condition qu'elle soit maîtrisée, qu'elle s'accompagne d'une politique d'accueil et d'intégration efficace et qu'elle s'appuie sur un véritable partenariat avec les pays d'origine ». Et, un peu plus loin, reprenant le credo de 1981 et l'allusion à la citation tronquée de Michel Rocard : « Nous mènerons une politique de fermeté à l'égard de l'immigration illégale. Notre pays ne peut accueillir tous ceux qui le souhaitent. Il nous faut par conséquent dissuader l'immigration illégale et démanteler les filières mafieuses (augmentation des moyens de l'inspection du travail et aggravation des peines encourues pour les employeurs en infraction). » (C.F.)

Une société solidaire

82. Le droit à la retraite à taux plein sera ouvert aux hommes à partir de soixante ans et aux femmes à partir de cinquante-cinq ans. Les retraités auront le droit de siéger dans les instances de la Sécurité sociale et les caisses de retraite. Les cotisations prélevées par le régime général de la Sécurité sociale sur les retraites seront supprimées. Une loi définissant les nouveaux droits des retraités et des personnes âgées en matière de ressources de logement, de santé et de culture, et assurant leur réelle participation à la vie sociale, sera déposée.

Bilan. Si les socialistes prennent cet engagement, c'est que la Sécurité sociale, créée en 1945 en application du programme du Conseil national de la Résistance, est l'un des acquis sociaux les plus importants en France, et qu'ils veulent réaliser une nouvelle avancée. Voulant agir symboliquement dans l'urgence, le gouvernement de Pierre Mauroy prend donc une ordonnance, le 26 mars 1982, fixant l'âge légal de la retraite à soixante ans à partir du 1er avril 1983. « Né du cri de révolte et de dignité des premiers prolétaires face aux drames et aux échecs de la première révolution industrielle, une idée de justice et de liberté a traversé le siècle aux côtés du peuple », a dit le Premier ministre, le 8 juillet 1981, lors de sa déclaration de politique générale. La retraite à cinquante-cinq ans pour les femmes tombe en revanche aux oubliettes.

On sait ensuite dans quelles turbulences le droit à la retraite a été pris. Après une cascade de réformes, celles de 1993, puis de 1995, puis encore de 2003, le droit à la retraite a été écorné, avec, pêle-mêle, un allongement de la durée d'activité donnant droit à une retraite à taux plein, une minoration des droits et une remise en cause des régimes spéciaux. Mais c'est Nicolas Sarkozy qui porte le coup de grâce à la retraite à soixante ans, par sa réforme de 2010, qui allonge de soixante à soixante-deux ans l'âge légal de départ à la retraite et de soixante-cinq à soixante-sept ans l'âge de la retraite à taux plein.

Enjeu. Le 17 janvier 2010, Martine Aubry fait une première déclaration suggérant qu'elle accepte la remise en cause par Nicolas Sarkozy de cette célèbre 82e proposition. Mais le Parti socialiste se reprend, condamne la réforme de Nicolas Sarkozy et s'engage dans la perspective de 2012 à revenir à la retraite à soixante ans. L'engagement, pourtant, est entaché d'une ambiguïté qui risque de susciter bien des désagréments aux socialistes en cas de victoire. Car l'opinion aura compris que les socialistes ont pris la décision courageuse de défendre une position très ancrée à gauche, celle du retour aux soixante ans, conformes aux « 110 propositions ». Mais cette même opinion n'a pas vraiment compris que ce retour éventuel aux soixante ans s'effectuerait avec une baisse très sensible des droits. Car, en 2003, le PS avait condamné la réforme Fillon, et notamment la disposition allongeant au-delà de quarante ans la durée d'activité donnant droit à une retraite à taux plein, pour la porter par étape jusqu'à quarante et un an et demi d'ici 2020. Or, dans le brouhaha des protestations contre la réforme Sarkozy, les socialistes ont changé de doctrine sur ce point sans que nul ne le remarque : dans leur plate-forme, ils ont ratifié cet allongement de la durée d'activité qu'ils avaient rejeté en 2003.

En cas de victoire de la gauche, la question des retraites risque donc de rebondir. Car si les socialistes tiennent leur promesse d'un retour à soixante ans, le pays découvrira que ce ne sera alors possible que grâce à un effondrement… du montant de la pension.

De surcroît, le 20 mai 2010, sur France 2, Dominique Strauss-Kahn livre sans la moindre gêne ce qu'il pense de cette promesse du PS : « Si on arrive à vivre cent ans, on ne va pas continuer à avoir la retraite à soixante ans, il va bien falloir que, d'une manière ou d'une autre, ça s'ajuste. » Sous-entendu : Nicolas Sarkozy a eu raison de faire passer à la trappe cette célèbre 82e proposition. (L.M.)

83. Les handicapés auront la place qui leur est due dans la société : le travail, l'éducation, le logement, les transports, les loisirs et l'accès à la culture seront adaptés à leurs contraintes particulières.

Bilan. Pour favoriser l'insertion des personnes handicapées en milieu de travail ordinaire, la loi du 10 juillet 1987 oblige tout employeur du secteur privé et tout établissement public à caractère industriel et commercial occupant vingt salariés ou plus à employer, dans une proportion de 6 % de son effectif salarié, des travailleurs handicapés. Il faut attendre la loi du 13 juillet 1991 pour que soit inscrite dans le Code de la construction et de l'habitation la nécessité de rendre plus accessibles les locaux d'habitation, les lieux de travail et les installations recevant du public. La droite prend le relais sur un thème peu clivant, avec la loi dite « loi handicap » du 11 février 2005. Celle-ci crée une maison des personnes handicapées dans chaque département et instaure un droit à la compensation des conséquences du handicap quels que soient l'origine et la nature de la déficience de la personne, son âge ou son mode de vie.

Enjeu. Alors que des milliers d'enfants handicapés restent exclus du système scolaire et que le taux d'activité des adultes est de 45 % (contre 70 % pour l'ensemble de la population), le PS mise sur la continuité, en proposant par exemple d'augmenter l'allocation adulte handicapé et le complément de ressources à 80 % du Smic et de durcir les sanctions en cas de non-respect du quota par les employeurs. (C.F.)

84. Un système national de protection sociale commun à tous les assurés sera progressivement institué. L'État remboursera les charges indues et affectera des ressources fiscales au financement des dépenses d'intérêt social. Le ticket modérateur d'ordre public sera abrogé.

Bilan. C'est un acquis important de la gauche : la couverture maladie universelle (CMU) est votée dans le cadre de la loi du 27 juillet 1999 sous le gouvernement de Lionel Jospin, à l'initiative de Martine Aubry. Elle permet l'accès et le remboursement des soins et des médicaments à toute personne résidant en France et qui n'est pas déjà couverte par un autre régime obligatoire d'assurance maladie. Une CMU complémentaire est également créée, ouvrant l'accès à l'ensemble de l'offre de soins, publique et privée, avec application du tiers payant intégral (le patient n'a pas à faire l'avance de frais). Environ 1,7 million de personnes bénéficient de la CMU de base et 4,3 millions de la CMU complémentaire. En permettant l'accès aux soins des plus démunis, ce dispositif réduit les inégalités, mais certains médecins continuent de refuser de soigner les malades concernés.

Enjeu. Face à la droite qui pratique une politique consistant à transférer des dépenses de l'assurance maladie aux assureurs complémentaires, le PS propose la prise en charge des soins dentaires et optiques, « qui sont des soins essentiels et qui n'ont pas de raison d'être laissés au marché comme aujourd'hui », l'encadrement plus strict des dépassements d'honoraires et la pénalisation des pratiques de refus de soins des bénéficiaires de la CMU et de l'aide médicale d'État. (C.F.)

La santé protégée

85. Un service communautaire de la santé reposera sur le développement de la prévention, le tiers payant généralisé à terme, la création de

centres de santé intégrés auxquels chaque médecin pourra adhérer s'il le souhaite. Une nouvelle convention sera négociée. Le conseil de l'Ordre des médecins sera supprimé.

Bilan. La charte de la santé, adoptée en conseil des ministres le 12 mai 1982, marque déjà un certain décalage par rapport aux promesses. Le développement de la prévention est sans doute l'un des aspects de la proposition qui s'approche le plus du succès, puisque des comités consultatifs régionaux de promotion de la santé ont bien été créés. De même, deux visites prénatales supplémentaires sont prises en charge à 100 %. En revanche, les centres de santé sont un flop. Prévue à titre expérimental dans la loi du 19 janvier 1983, leur application reste très limitée, en grande partie à cause des résistances des organisations professionnelles.

Jugé par le PS comme une « une offense à la démocratie », l'Ordre des médecins, lui, a survécu.

Enjeu. Les questions posées par la proposition 85 sont aujourd'hui totalement dépassées. Des centres de santé intégrés, avec des médecins salariés, ont bien été mis en place. Mais par les mutuelles privées ! Le déplacement du public vers le privé de la gestion des soins est plus que jamais à l'ordre du jour. Pour 2012, le PS promet... de « faire de la prévention une priorité », de multiplier les « maisons de santé pluridisciplinaires » et de rembourser grâce à la Sécu une « part essentielle des soins réellement nécessaires, principe durement mis à mal par la multiplication des franchises médicales et autres forfaits sur les consultations ». (C.G.)

86. Les missions respectives de l'hôpital et du secteur privé seront définies. Adoption d'une nouvelle carte sanitaire. Les équipements seront programmés par région et leur financement réformé (suppression du prix de la journée).

Bilan. Les réformes entreprises à partir des années quatre-vingt visent à réduire les coûts tout en garantissant la qualité et l'accès aux soins. La loi du 19 janvier 1983 met en œuvre la dotation globale de financement et instaure le forfait journalier à la charge de l'assuré, tandis que la loi du 31 juillet 1991 introduit des mesures de planification sanitaire, de management hospitalier et de coopération entre établissements. Dernière en date, la loi « hôpital, patients, santé et territoires » du 21 juillet 2009 réorganise la gouvernance des hôpitaux en renforçant les pouvoirs exécutifs des directeurs d'établissements, échelon intermédiaire entre les agences régionales de santé et les pôles.

Enjeu. Dans un contexte de vieillissement démographique, le PS, dans sa « convention pour l'égalité réelle », se fixe comme objectif de mieux organiser la médecine de proximité afin de redonner de l'air à l'hôpital. Il ne renonce pas à une rationalisation des soins mais s'engage à ce qu'elle se fasse « dans une logique de santé publique et pas dans une logique comptable ». Plus particulièrement, le PS promet de revoir le mode de financement afin de remédier aux effets pervers de la tarification à l'activité (T2A) et d'améliorer la rémunération et les conditions de travail des internes pour qu'ils ne soient plus la variable d'ajustement de l'hôpital public. (C.F.)

87. Une nouvelle politique du médicament sera mise en place en s'appuyant sur les grands pôles industriels nationalisés où la recherche sera intensifiée.

Bilan. Il est médiocre sur le plan de l'innovation thérapeutique. L'Europe et la France sont à la traîne des États-Unis, premier marché mondial du médicament. De 1990 à 2008, les dépenses de recherche-développement des entreprises du médicament ont été multipliées par cinq aux États-Unis, seulement par trois en France. Les pays émergents, surtout l'Inde, dominent le marché des génériques, sur lequel ils s'appuient pour développer une recherche innovante.

Sur le plan de la sécurité, le bilan de la politique française du médicament est mauvais. Les industriels ont joué un rôle défavorable en neutralisant toute expertise indépendante. Le scandale du Mediator n'est que la partie émergée d'un iceberg constitué de nombreuses molécules telles que les anti-inflammatoires non-stéroïdiens, certains vaccins ou les traitements anti-Alzheimer. Tout le système français du médicament, de la mise sur le marché aux études post-marketing, est à revoir.

Enjeu. Continuer à exister sur le marché mondial du médicament et plus largement de la santé. (M. de P.)

Droit au logement pour tous

88. Une politique de l'habitat social visera à mettre à la disposition des ménages des logements

suffisamment grands et assortis de services à proximité (crèches, halte-garderies, transports collectifs). Des dispositions particulières seront prises pour favoriser aussi le logement des jeunes (construction des F1 et F2).

Bilan. Raymond Barre, Premier ministre précédant l'arrivée des socialistes au pouvoir, avait déclaré vouloir privilégier l'aide à la personne (les allocations logements) à l'aide à la pierre (construction de logements sociaux). En réalité, l'aide à la pierre n'avait pas disparu, et les socialistes ne changent pas fondamentalement les choses en 1981. Ils vont tout de même accentuer l'aide à la personne avec, dès juillet 1981, une augmentation moyenne de 8,8 % du montant touché par chaque allocataire. Les conditions d'accès à ces aides sont, elles aussi, fortement modifiées, avec, par exemple, une hausse des loyers plafond de 48 % pour les petits ménages et de 26 % pour les familles en Île-de-France.

Enjeu. Les mêmes lignes pourraient être écrites trente ans après. La France manque toujours de très grands logements – les maires ont peur de se retrouver avec des familles nombreuses à problèmes – et de petits logements : les jeunes ne parviennent donc pas à quitter le domicile familial. On manque même de « moyens » logements dans les zones tendues. Face à cette situation, Martine Aubry a annoncé qu'il fallait créer chaque année en France 150 000 logements sociaux supplémentaires effectifs. De telles réalisations permettraient de se rapprocher d'un objectif de la loi Quillot de 1982, qui proclamait le droit à l'habitat comme un droit fondamental. À l'époque, il ne s'agissait toutefois que d'un affichage. Il aura fallu attendre 2007 pour voir un Parlement majoritairement de droite voter une loi sur le droit au logement opposable, impossible toutefois à mettre en œuvre, faute de logements disponibles. (M.H.)

89. Réformes des instruments de l'intervention publique. Maîtrise du sol urbain par les collectivités locales grâce à l'instauration d'un impôt déclaratif foncier, d'un droit de préemption et de prêts bonifiés par l'État.

Bilan. L'impôt déclaratif foncier, qui devait mettre un coup d'arrêt à la spéculation, n'a jamais vu le jour. L'idée était de taxer les terrains à bâtir. Mais François Mitterrand et Laurent Fabius ont jugé qu'on ne pouvait à la fois créer cette taxe et l'impôt sur la fortune (ISF), qui se seraient chevauchés. L'arbitrage a été rendu en faveur du second. Depuis, le système foncier n'a jamais été repensé. Rien, dans les déclarations des responsables socialistes, ne laisse à penser que cela pourrait changer. En revanche, en 1982, via les lois de décentralisation, les socialistes ont bel et bien transmis la maîtrise du sol urbain aux maires. Ceux-ci jouissent du droit de préemption, mais surtout écrivent leur PLU (plan local urbain) et délivrent les permis de construire.

Enjeu. Ce transfert ne va pas sans créer des problèmes, notamment en Île-de-France, la zone la plus tendue du pays, où aucun outil, malgré l'annonce d'un Grand-Paris par Nicolas Sarkozy, ne permet encore de mener une politique du logement à l'échelle de la métropole.

Les socialistes se montrent plutôt satisfaits de leur politique du logement dans les agglomérations de Rennes, Nantes, Lille ou Lyon. Surtout, bien que les maires des plus petites communes ne disposent pas des services techniques suffisants pour assurer ce type de missions, les édiles locaux paraissent avoir un poids trop important pour que les responsables nationaux s'engagent dans une réforme de ce système. (M.H.)

Une éducation de qualité

90. Un grand service public, unifié et laïque, de l'Éducation nationale sera constitué. Sa mise en place sera négociée sans spoliation ni monopole. Les contrats d'association d'établissements privés, conclus par les municipalités, seront respectés. Des conseils de gestion démocratiques seront créés aux différents niveaux.

Bilan. Ce « grand service public, unifié et laïque, de l'Éducation nationale » porté par Alain Savary, à qui François Mitterrand a confié la difficile mission de « convaincre sans contraindre », ne verra jamais le jour, balayé par les manifestations monstres au nom de l'« école libre » de mars et juin 1984. Dès l'été 1982, il n'est déjà plus question de « grand service public, unifié et laïque, de l'Éducation nationale ». Le ministre de l'Éducation, qui a engagé les négociations avec l'enseignement privé quelques mois auparavant, en revient à un objectif plus modeste : rapprocher enseignements privé et public et soumettre ce dernier aux mêmes règles que le premier pour les effectifs et la sectorisation. Le compromis se révèle rapidement impossible. Le projet de loi finalement adopté par le Conseil des ministres en janvier 1984 ne satisfait ni les partisans de l'école privée, qui s'opposent à une éventuelle intégration des maîtres du privé dans la fonction publique, ni ceux qui souhaitent réduire son influence au profit de l'école publique. Mécontents des concessions faites au privé, quelques députés socialistes radicalisent le texte à travers trois amendements, acceptés le 22 mai 1984 par le Premier ministre Pierre Mauroy. La riposte catholique est immédiate. Le 24 juin, une énorme manifestation, soutenue par les évêques de France, rassemble à Paris plus d'un million de personnes. Tout en jugeant la loi « bonne », le président François Mitterrand, interviewé sur TF1 le 14 juillet 1984, annonce son retrait. Un désaveu pour Alain Savary, qui apprend la nouvelle à la télévision. Après deux ans et demi de négociations, il démissionne le 17 juillet, suivi par le Premier ministre Pierre Mauroy.

Enjeu. La tempête déclenchée en 1984 dissuade encore aujourd'hui ceux qui seraient tentés, à droite ou à gauche, de remettre en cause le statu quo, c'est-à-dire l'existence d'un enseignement privé (à 90 % catholique) subventionné. François Bayrou, alors ministre de l'Éducation nationale, en fera les frais quand il tentera de faciliter le financement des écoles privées par les collectivités locales, faisant descendre un million de personnes dans la rue en janvier 1994. À l'heure des suppressions massives de postes d'enseignants, la question reste donc aujourd'hui entière : est-il bien raisonnable de continuer à financer deux systèmes scolaires concurrents, qui plus est quand ils n'ont pas les mêmes contraintes ? (L.F.)

91. L'école sera ouverte sur le monde. La pédagogie sera renouvelée pour favoriser l'expression sous toutes ses formes ainsi que l'épanouissement physique. L'enseignement de l'histoire et de la philosophie sera développé. Quel que soit

le niveau d'études, chacun devra disposer en fin de scolarité d'une formation professionnelle. Les classes comprendront 25 élèves au maximum.

Bilan. Lancé par Alain Savary, ce mouvement pédagogique s'est heurté à une forte opposition idéologique. En décembre 1982, le rapport de Louis Legrand intitulé « Pour un collège démocratique » propose une nouvelle organisation des enseignements et du service des professeurs, avec des classes résolument hétérogènes, regroupées en groupes de niveau sur une partie du temps scolaire. Louis Legrand proscrit le redoublement et propose un tutorat pour chaque élève. La mise en œuvre de la réforme se fera à partir de la rentrée 1984 en s'appuyant sur les établissements volontaires, selon une logique de décentralisation et de projet chère à Alain Savary. Face à une campagne d'opinion fustigeant le collège unique et la baisse du niveau des élèves, et face à l'opposition du syndicat majoritaire, le Snes, Alain Savary doit cependant abandonner la redéfinition du service hebdomadaire des enseignants et le choix du tuteur par les élèves. En 1989, après la parenthèse Chevènement, plutôt hostile aux pédagogues, Lionel Jospin relance une réforme de grande ampleur du système éducatif, mettant l'élève « au centre du système éducatif ». Cette loi d'orientation sur l'éducation prévoit également qu'« aucun élève ne doit sortir du système scolaire sans diplôme ». Effet conjugué de l'enthousiasme social provoqué par l'objectif de 80 % d'une classe d'âge au bac et du tournant de la rigueur de 1983, les collèges et lycées publics atteindront jusqu'à 30 élèves par classe en moyenne à la fin des années quatre-vingt, avant de redescendre ! Pour tenter de rattraper le coup, François Mitterrand portera, lors de son second septennat, la part de l'éducation dans le PIB français de 6,3 % à 7,2 %.

Enjeu. Après la suppression des instituts universitaires de formation des maîtres (IUFM) et la réforme de la formation des enseignants entrée en application à la rentrée 2010, la balance est aujourd'hui du côté des partisans d'un retour aux fondamentaux et aux méthodes traditionnelles plutôt que des pédagogues. Mais force est de constater que depuis 1995 la proportion de bacheliers dans une classe d'âge stagne autour de 62 % et qu'elle n'augmentera pas sans évolution des façons d'enseigner, face notamment à des classes de plus en plus hétérogènes. La « convention pour l'égalité réelle » du PS, adoptée en décembre 2010, reprend d'ailleurs presque mot pour mot certaines expressions très floues de la proposition 91 (« Ouverture au monde » par exemple), tout en suggérant une généralisation de la « pédagogie personnalisée », un « accompagnement personnel des élèves », « l'implication des élèves dans leurs apprentissages », etc. (L.F.)

92. La loi Seguin-Rufenacht sur la composition des conseils d'université et d'UER sera abrogée ainsi que les décrets modifiant la carte universitaire.

Bilan. Dès novembre 1981, le Parlement abroge la loi Seguin-Rufenacht, plus connue sous le nom de « loi Sauvage », du 20 juillet 1980, qui donnait un pouvoir déterminant aux professeurs dans la gestion des universités, au détriment des autres enseignants (assistants et maîtres assistants). Dans la foulée de Mai 68 et de son esprit antihiérarchique, les socialistes envisageaient même de regrouper ces professeurs d'université et maîtres de conférences au sein d'« un corps unique ». L'enjeu était de réduire le pouvoir des professeurs, considérés comme des « mandarins », au sein des collèges qui gèrent les carrières de toutes les catégories (recrutement, promotions), ainsi qu'au sein des conseils d'université qui décident des grandes orientations. Mais François Mitterrand met son holà et la loi Savary de 1984 n'institue ni corps unique, ni collège unique, ni participation des étudiants aux commissions de recrutement des professeurs.

Enjeu. Avec l'arrivée des agrégés détachés dans le supérieur, l'université compte aujourd'hui trois corps différents, et l'idée d'un corps unique ne semble plus à l'ordre du jour. (L.F.)

93. Chaque travailleur disposera d'un crédit de formation de deux ans, qu'il pourra utiliser tout au long de sa vie active. La gestion de l'éducation continue sera tripartite.

Bilan. Cette proposition généreuse se traduit par la création du crédit formation individualisé (CFI), initié en septembre 1989 pour donner une seconde chance aux jeunes adultes sortis sans qualification du système scolaire. La loi du 4 juillet 1990 prévoit même que ce CFI soit étendu à tous les salariés et demandeurs d'emploi. Mais le système se révèle rapidement inflationniste et coûteux, et, après l'arrivée de la droite au gouvernement en 1993, la loi Giraud (du 20 décembre 1993) transfère la compétence de la formation professionnelle des jeunes aux régions et casse le CFI. Retour à la situation de 1971, avec un congé individuel de formation (CIF) qui repose sur un droit à l'absence du salarié d'un an, et un droit individuel à la formation (DIF) d'au maximum cent vingt heures (sur six ans).

Enjeu. On est aujourd'hui très loin de ces deux ans de formation, puisqu'en 2009 les partenaires sociaux, dans un accord national interprofessionnel, ont demandé, pour les personnes ayant fait des études courtes, un droit à la formation différé... d'un an ! L'État refusant de financer cette proposition, elle n'a pas été reprise par la loi sur l'orientation et la formation professionnelle de 2009. La formation professionnelle continue donc d'aller en priorité à ceux qui sont déjà... bien formés ! (L.F.)

Une information libre et pluraliste

94. La télévision et la radio seront décentralisées et pluralistes. Les radios locales pourront librement s'implanter dans le cadre du service public. Leur cahier des charges sera établi par les collectivités locales. Sera crée un Conseil national de l'audiovisuel où les représentants de l'État seront minoritaires. La création sera encouragée. Les droits des « cibistes » seront pleinement reconnus.

Bilan. C'est bien sous François Mitterrand que le monopole d'État sur l'audiovisuel est démantelé. Pas toujours pour le mieux. Les radios libres – qui étaient encore « pirates » sous Giscard – sont soumises à l'autorisation d'une Haute Autorité de la communication audiovisuelle, dont les membres sont nommés par les présidents de la République, de l'Assemblée nationale et du Sénat.

Devant la profusion des demandes, elle va favoriser les projets professionnels et enclencher le mécanisme qui va aboutir à la constitution de grands réseaux de radio (NRJ, Fun Radio...) privés et commerciaux, standardisés et sans grand rapport avec les promesses initiales de pluralisme.

Pour la télévision, l'ouverture se fait avec la création de Canal Plus en 1984, puis La Cinq de Silvio Berlusconi en 1985. En 1986, la privatisation, très controversée, de la première chaîne par le gouvernement Chirac au groupe Bouygues achève de convertir l'audiovisuel français à la logique commerciale et au divertissement. L'extinction, en 2011, de la diffusion hertzienne analogique, si elle réduit l'avantage des chaînes historiques, ne devrait pourtant pas remettre en question la domination de ces dernières. D'autant que le gouvernement actuel est fermement décidé à leur accorder, en compensation, des canaux « bonus » sur la TNT.

Le pluralisme défendu par la gauche en 1981 s'est encore plus dégradé après 2007, avec Nicolas Sarkozy, qui s'est approprié le pouvoir de nomination des patrons de l'audiovisuel public, autrefois dévolu au Conseil supérieur de l'audiovisuel (CSA), et qui entretient des liens d'amitié et de connivence avec les principaux actionnaires des chaînes, dont Martin Bouygues.

Enjeu. Si la gauche a tenu ses engagements de 1981, elle les a donc vite écornés, avec notamment La Cinq. Quoi qu'il en soit, pour 2012, le défi du pluralisme se pose dans des termes encore plus aigus que par le passé. Car, si la gauche, en cas de victoire, rétablit la procédure de nomination des patrons de chaîne par une autorité indépendante ou par le Parlement, pourra-t-elle aller au-delà ? Le pluralisme audiovisuel reste à construire, avec notamment pour enjeu la garantie de la qualité des programmes publics et de l'indépendance de l'information. (V.T.)

95. Les ordonnances de 1944 sur la presse seront appliquées. Les dispositions assurant l'indépendance des journalistes et des journaux face aux pressions du pouvoir, des groupes privés et des annonceurs seront prises. L'indépendance de l'AFP vis-à-vis de l'État sera garantie.

Bilan. À la Libération, le Conseil national de la Résistance conçoit un texte de loi visionnaire : pour éviter le retour à la presse d'industrie d'avant-guerre, il impose que la liste des propriétaires d'un titre soit publiée chaque trimestre ; il interdit à quiconque de diriger plus de deux journaux ou même d'en diriger un tout en étant rémunéré par une entreprise commerciale ou industrielle ; il proscrit les articles de complaisance écrits contre rémunération ou cadeaux... Las, les décrets d'application de l'« ordonnance sur l'organisation de la presse française » ne sortiront jamais.

Quand le candidat Mitterrand propose en 1981 de reprendre ce chantier, Robert Hersant domine la presse quotidienne à la tête d'un empire de presse conservateur qui compte *Paris-Normandie*, *Le Figaro*, *L'Aurore*, *France-Soir*... La gauche au pouvoir fera passer en 1984 une loi « anti-Hersant », qui sera vidée de sa substance par le Conseil constitutionnel et abrogée par le gouvernement Chirac, lors de la première cohabitation.

Moyennant quoi, le marché de la presse quotidienne en France est plus concentré que jamais, avec un quotidien généralement sans concurrence par région et quelques groupes qui se partagent le marché de la presse régionale ;

les journaux nationaux sont pour la plupart détenus par des industriels vivant des commandes de l'État et ont été rachetés les uns après les autres par des nouveaux actionnaires, dont la presse n'est pas le métier.

Quant à l'Agence France Presse, troisième agence mondiale, qui fournit l'essentiel de leur contenu, elle est financée à plus de 40 % (110 millions sur 270 en 2010) par les abonnements de l'État et des collectivités.

Enjeu. Dans le naufrage économique que connaît la presse, couplé à une perte d'indépendance de nombreux titres croqués par des proches du pouvoir ou des milieux d'affaires, c'est, comme en 1944, tout l'univers juridico-politique qu'il faudrait aujourd'hui reconstruire pour offrir aux citoyens la garantie d'une information indépendante, libre et pluraliste, aujourd'hui menacée.

Les socialistes, qui se bornent le plus souvent à plaider pour le respect des critères anti-concentration et contre le contrôle de la presse par des groupes dépendant des commandes publiques, ont-ils compris l'ampleur de ce défi, majeur pour la démocratie ? (V.T.)

96. Toute censure de l'information, y compris dans les casernes et les prisons, sera abolie.

Bilan. L'année 1981 vit encore sur le souvenir de 1968 et de la rébellion qui s'est prolongée tout au long des années soixante-dix dans les casernes, où des comités de soldats ont vu le jour, et dans les prisons. Mais le ministère de l'Information a disparu, tout comme l'ORTF, en 1974. La nouvelle majorité tient donc parole en supprimant la censure qui a longtemps prévalu.

Enjeu. L'État ne censure que peu l'information aujourd'hui. Lui, comme tous les centres de pouvoir, ont d'autres techniques : stratégies de communication, media training, articles « clefs-en-main », maîtrise de l'agenda en occupant les esprits par un flot continu d'annonces ou d'informations futiles mais qui font le buzz.

Avec une presse d'information famélique, en sous-effectif chronique, réduite à mendier sa survie sous forme d'aides publiques (1,2 milliard d'euros en 2010), c'est le meilleur moyen de faire passer les bons messages. (V.T.)

La science et la culture

97. La recherche fondamentale sera un objectif essentiel : d'importants crédits publics lui seront consacrés, pour son développement sur le plan régional comme sur le plan national. Les coordinations nécessaires seront réalisées.
(Voir la proposition n° 17.)

98. L'implantation sur l'ensemble du territoire de foyer de création, d'animation et de diffusion sera encouragée par l'État, qui en assurera un financement partiel. En dehors de nos frontières, une présence active et rayonnante de la culture française sera assurée. L'enseignement de l'art à l'école sera développé et des facilités accordées pour accéder aux grandes œuvres : extension des heures d'ouverture des musées,

des bibliothèques et des monuments, grâce au recrutement du personnel nécessaire.

Bilan. Les deux premiers axes de cette proposition aussi hétéroclite que vague sont assez rapidement mis en œuvre, 1981 marquant de l'avis de tous les acteurs et observateurs un véritable tournant pour la politique culturelle. Ayant vu son budget doubler, le ministère de la Culture a, en effet, développé le maillage culturel du territoire, même si aujourd'hui ce sont très majoritairement les collectivités locales qui financent ces différentes institutions, l'État engouffrant une bonne part de ses deniers dans le fonctionnement des quatre grands établissements parisiens que sont le Louvre, le Centre Pompidou, l'Opéra de Paris et la Bibliothèque nationale de France. De son côté, le ministère des Affaires étrangères a développé la politique culturelle extérieure, y associant là encore les collectivités territoriales, au sein de l'Agence française d'action artistique (AFAA), devenue récemment Institut français.

Enjeu. Le troisième terme de la proposition apparaît nettement comme le parent faible, en dépit des efforts menés, notamment en 1992 lorsque Jack Lang cumula, une petite année, les fonctions de ministre de l'Éducation nationale et de ministre de la Culture. (S.B.)

99. Le soutien à la création cinématographique musicale, plastique, théâtrale, littéraire, architecturale placera la renaissance culturelle du pays au premier rang des ambitions socialistes. Un conseil international pour la science et la culture, une école européenne de cinéma et

un centre international pour la musique seront créés.

Bilan. Cette proposition, allégorique (la France éternelle des Lumières tirant sa population de l'ignorance), brandit une démesure revendiquée par Jack Lang : « Ne rien sacrifier à rien est la seule priorité » (*Le Monde*, 5 septembre 1981). Croissance et multiplication surpassent les promesses. Les centres d'art contemporain passent de trois à quatorze. Les crédits des théâtres nationaux et de la décentralisation dramatique doublent, la danse prend son essor, l'Institut des hautes études cinématographiques (IDHEC) est restauré, idem pour les deux conservatoires nationaux supérieurs de musique, à Paris et à Lyon. Le rock, la BD, la publicité, la mode ou le cirque sont consacrés. L'action culturelle de l'État s'inscrit dans la modernité économique : création de l'IFCIC (Institut du financement du cinéma et des industries culturelles).

Enjeu. Toute politique culturelle est devenue, avec la décentralisation, le nec plus ultra d'une communication municipale ou régionale. Des castes se sont constituées, en particulier dans le domaine de l'art contemporain. Et la culture relève davantage de l'apanage que du partage, depuis que la télévision s'apparente au supermarché plutôt qu'au musée imaginaire. La France vit une panne de transmission et souffre d'une fracture culturelle. (A.P.)

100. La libération du prix du livre sera abrogée.

Bilan. Proposition brève et d'apparence modeste mais tenue sans délais et dont les effets positifs se font encore quotidiennement sentir dans l'univers du livre. Une fois élus, les socialistes ont même fait plus que ce qu'ils avaient promis : non pas la simple annulation de l'arrêté Monory, qui avait deux auparavant supprimé le « prix conseillé », mais le vote d'une loi instituant « le prix unique ». Symboliquement votée le 4 août 1981, cette loi dite « Lang », du nom du ministre de la Culture, aurait dû s'appeler Lindon, du nom de l'éditeur, directeur des éditions de Minuit, qui avait avec quelques-uns et contre d'autres (la FNAC) porté ce projet, l'apportant littéralement clefs en main aux socialistes. Ce dispositif décisif aura permis de sauvegarder la librairie indépendante mais aussi de garantir un large pluralisme éditorial.

Enjeu. La question se pose désormais de son élargissement automatique au « livre numérique » – auxquels s'opposent, à l'instar d'un François Bon, la plupart des auteurs qui se sont investis sur ce nouveau support. (S.B.)

Les équilibres naturels

101. Une charte de l'environnement garantissant la protection des sites naturels, espaces verts, rivages marins, forêts, cours d'eau, zones de vacances et de loisirs sera élaborée et soumise au Parlement après une large consultation des associations et des collectivités locales et régionales avant la fin de l'année 1981.

Bilan. Il n'y aura pas, ni en 1981 ni par la suite, cette grande charte de l'environnement promise. L'affaire se révèle bien plus complexe. Michel Crépeau, radical de gauche et maire de La Rochelle, est nommé ministre de l'Environnement en 1981. Il met en route deux textes importants, la loi Littoral et la loi Montagne, respectivement entrées en vigueur en 1985 et 1986, et dont les associations dénoncent vingt-cinq ans plus tard la mauvaise application. Les moyens du Conservatoire du littoral sont accrus et les lois de décentralisation donnent de nouvelles compétences aux collectivités locales en la matière. Les premiers états généraux de l'environnement sont organisés et les procédures d'enquête publique sont revues pour faire une place plus grande aux associations. Enfin, plusieurs organismes sont créés, qui seront regroupés en 1990 en une Agence pour l'environnement et la maîtrise de l'énergie (Ademe).

Enjeu. Une charte de l'environnement… Il faut attendre 2005 pour qu'une promesse de campagne de Jacques Chirac se concrétise en un projet de loi constitutionnelle adopté par le Parlement réuni en Congrès. Cette charte est introduite dans le préambule de la Constitution de 1958. En 2007, le Grenelle de l'environnement y fait référence et tente de lui donner quelques prolongements pratiques, avec les deux lois Grenelle adoptées. (F.B.)

102. La lutte contre les pollutions de l'eau et de l'air sera intensifiée. Les entreprises contrevenantes seront pénalisées.

Bilan. Plusieurs nouveaux règlements sont adoptés tout au long des années quatre-vingt qui aboutissent, en 1990, à la mise en place d'un plan national pour l'environnement. Mais c'est dans les années quatre-vingt-dix seulement que des lois complètes sont adoptées : en 1992, la loi sur l'eau, et en 1996, la loi sur la qualité de l'air. Enfin, le fameux principe « pollueur payeur », qui veut que les entreprises participent à la réparation des dégâts environnementaux qu'elles commettent, s'est difficilement mis en place. Pris en compte par l'Acte unique européen de 1987, il est traduit dans une loi de 1995.

Enjeu. Ce n'est que dans les années quatre-vingt-dix qu'un nouvel arsenal législatif complet en matière d'environnement se met en place. Son efficacité demeure très discutée par les écologistes et associations de protection de l'environnement. Le Grenelle de l'environnement a visé à renforcer et étendre ces dispositifs. Son bilan est fortement contesté. (F.B.)

103. Les normes de construction de machines et moteurs dangereux à manier et générateurs de bruit seront révisées et strictement appliquées.

Bilan. Cela a été fait pour partie tout au long des années quatre-vingt. Par un renforcement des normes, par l'irruption de règlements européens. Et surtout par l'adoption, en décembre 1992, de la première « loi sur le bruit », qui donne de nouveaux pouvoirs aux municipalités (« zones de silence » dans les plans d'occupation des sols) et fixe de nouvelles contraintes aux aménageurs.

Enjeu. L'application de cette loi de 1992 est contestée. Sept millions de personnes, selon les études de l'Ademe, continuent à se plaindre de nuisances sonores. Les lois issues du Grenelle de l'environnement ont pris partiellement en compte ce problème. (F.B.)

Le sport

104. L'indépendance du mouvement sportif vis-à-vis de l'État et des puissances d'argent sera garantie. L'éducation physique et sportive deviendra une dimension essentielle des enseignements dispensés par l'Éducation nationale.

Bilan. Échec total : trente ans plus tard, le « sport business » règne en maître, sous la houlette des « puissances d'argent » ; le sport de masse est le parent pauvre ; et le sport à l'Éducation nationale est dans un état scandaleux de sous-développement.

Enjeu. Cette proposition 104 est plus que jamais d'actualité. (L.M.)

IV
La France :
un pays libre et respecté

Sa sécurité et son identité

105. Développement d'une stratégie autonome de dissuasion et organisation nouvelle du service national réduit à six mois.

Bilan. Est-ce la volonté de ne pas fâcher l'armée ? La proposition de réduction du service national est oubliée. En 1983, l'objection de conscience est grandement facilitée. En 1985, un service civil dans la police nationale est proposé. Mais il faut attendre 1992 pour que la durée du service national passe de douze à dix mois. Et c'est en 1996 que Jacques Chirac annonce la fin du service national et la constitution d'une armée de métier.

Enjeu. Le peuple en armes, le lien avec la nation : les arguments des ultimes défenseurs de la conscription se font encore entendre. (F.B.)

106. Définition claire de la portée et du contenu de l'Alliance atlantique. Cohésion accrue de l'Europe.

Bilan. La question posée par les socialistes sur le rôle de l'Alliance atlantique n'a pas franchement eu de réponses. D'abord parce que la crise des euromissiles (lire les bilans des propositions 6 et 8) a occupé le début des années quatre-vingt, puis parce que l'effondrement progressif de l'Union soviétique a changé la donne. François Mitterrand réaffirme donc l'autonomie de la France en matière de défense et de sécurité, et refuse de voir prises en compte les forces nucléaires françaises dans les négociations sur le désarmement entre les deux grandes puissances. Sur l'Europe, le bilan est évidemment énorme, de l'Acte unique à la programmation de l'élargissement, bilan dû à un trio : le chancelier allemand Helmut Kohl, le président français François Mitterrand et le président de la Commission européenne Jacques Delors.

Enjeu. À quoi sert l'Alliance atlantique ? Trente ans après, la question est plus que jamais posée. Nicolas Sarkozy, s'il a décidé du retour de la France dans le commandement intégré, n'a pas plus exposé ce que devraient être les nouvelles missions de l'Otan, aujourd'hui lourdement engagée en Afghanistan. En contrepoint, la construction d'une Europe de la défense demeure embryonnaire.

Quant à l'Europe politique, aujourd'hui en pleine crise, les socialistes demeurent divisés ou indifférents. Divisés sur l'éventuelle adhésion de la Turquie, sur les moyens de relancer le couple franco-allemand, sur la régulation de cet espace économique. Indifférents face à une construction aujourd'hui fortement critiquée par les opinions publiques. (F.B.)

107. Développement des relations entre la France et l'Union soviétique dans le respect des traités existants.

Bilan. En 1983, l'expulsion de France de quarante-sept diplomates et ressortissants soviétiques accusés d'espionnage, sur fond de crise des euromissiles, montre les fortes tensions avec l'URSS. L'arrivée au pouvoir, en 1985, de Mikhaïl Gorbatchev va progressivement tout changer. François Mitterrand soutient le nouveau dirigeant. Jusqu'à envisager avec lui la création d'une « maison commune européenne », projet vite dépassé par la dislocation de l'empire soviétique.

Enjeu. L'enjeu énergétique est désormais au centre de nos relations avec la Russie. Moscou fournit un tiers du gaz consommé par l'Union européenne. Et le « nouveau partenariat » promis depuis dix ans se cherche toujours. (F.B.)

108. Renforcement des échanges avec la Chine.

Bilan. « On peut dire que les relations franco-chinoises sous Mitterrand furent une série de “stop and go” », écrit Jean-Marie Cambacérès, responsable du secteur Asie au PS jusqu'en 1981 puis député. Mitterrand a bien compris le poids futur de la Chine. Il s'y rend en 1983, et cette visite d'État renforce effectivement les échanges entre les deux pays. Mais un coup d'arrêt brutal est donné par Pékin en 1991-1992, lorsque Paris décide de vendre des armes et des frégates à Taïwan.

Enjeu. En trente ans, la puissance chinoise a changé du tout au tout. La France continue de pratiquer une politique de

« grands contrats » (nucléaire, aéronautique, infrastructures), délaissant les implantations de moyennes entreprises. (F.B.)

109. Liens privilégiés avec les pays non alignés de la zone méditerranéenne et du continent africain, spécialement l'Algérie.

Bilan. Un homme symbolise ce bilan : Jean-Pierre Cot. Nommé ministre chargé de la Coopération, ce tiers-mondiste déterminé démissionne l'année suivante face aux ambiguïtés persistantes de la politique africaine. Tandis que Guy Penne dirige la cellule africaine de l'Élysée et que François Mitterrand traite directement avec des chefs d'États africains connus dans les années cinquante et soixante, Jean-Pierre Cot voit une Françafrique plus puissante que jamais. Il y avait « deux fers au feu », dit-il, puis « François Mitterrand décida de retirer mon fer du feu ». La politique africaine retourne à ses coulisses obscures tandis que Jean-Christophe Mitterrand (surnommé « Papamadit ») fait les émissaires.

Il reste tout de même trois moments. Le discours dit « de Cancun », sur l'aide au développement, en 1981 ; le discours de La Baule, en 1990, appel à la démocratisation des régimes africains ; et une initiative visant à l'annulation de la dette des pays les plus pauvres, en 1989, à Dakar.

Quant à l'Algérie, rien de déterminant n'est entrepris. « Mitterrand a essayé d'œuvrer en faveur d'une relation chaleureuse. Il est parvenu à des résultats positifs avec le président Chadli, mais sans aller plus loin », résume le socialiste Claude Estier, connaisseur du dossier.

Enjeu. Comment reconstruire une relation avec l'Afrique ? Les socialistes ne le savent pas vraiment, comme en témoignent leurs divisions fin 2010 sur la situation de la Côte d'Ivoire, une partie de ses responsables ayant soutenu

Laurent Gbagbo jusqu'au bout. Il en est de même pour l'Algérie, où les déclarations générales d'intention servent de politique. Les révolutions arabes du début de l'année 2011 vont évidemment obliger la gauche à repenser de fond en comble ses politiques. (F.B.)

110. Établissement de relations étroites avec le Québec. Création d'une académie francophone.

Bilan. Pas question pour François Mitterrand de se mêler de la guerre institutionnelle qui oppose le Québec au reste du Canada. En fait, la réconciliation avec le Canada va passer par la francophonie, mise sur orbite à partir de 1983 et dont le premier sommet se tient en France, en 1986, puis l'année suivante à Québec. La vieille assemblée parlementaire de la francophonie est dépoussiérée pour donner naissance à l'organisation internationale de la francophonie.

Enjeu. L'Organisation internationale de la francophonie (56 pays membres) pourrait être un solide outil d'influence pour la France. Négligée et victime de coupes budgétaires à répétition, son rôle demeure limité. (F.B.)

Conclusion

Au terme de ce va-et-vient, la question germe immanquablement à l'esprit : par-delà leurs maladresses, par-delà leurs formulations brouillonnes ou leur caractère partiellement obsolète, les « 110 propositions » sont, en 1981, le reflet d'une dynamique dans laquelle s'est engagée la gauche, toute la gauche, et pas seulement les socialistes. Une dynamique qui, à l'époque, malgré une formidable campagne de division du Parti communiste, finit par l'emporter. Alors, trente ans plus tard, une dynamique semblable peut-elle s'engager et faire échec au gouvernement en place et à l'extrême droite ?

Las, l'examen de ces « 110 propositions », et de ce qu'elles sont devenues, apporte certains éléments de réponses qui ne sont pas tous rassurants.

Le premier sujet d'inquiétude a trait au regard que les dirigeants socialistes portent aujourd'hui sur le monde. En 1981, les socialistes proposaient au pays une nouvelle politique étrangère. Une politique de rupture, refusant le moindre alignement sur Moscou mais tout autant sur Washington. Dénonciation – n'en déplaise au potentiel allié communiste – de l'occupation de l'Afghanistan par les troupes soviétiques, dénonciation des dictatures latino-américaines soutenues par les États-Unis, dénonciation de la répression dont étaient victimes les travailleurs polonais et leur jeune syndicat,

Solidarność : c'est une autre voie, courageuse, qu'ouvrirent les socialistes.

Or, on ne peut s'empêcher de penser que, trente ans plus tard, à quelques encablures de l'élection présidentielle de 2012, les socialistes semblent avoir le souffle court. L'époque, pourtant, devrait les inciter à se montrer plus ambitieux et à donner fortement de la voix. Pour soutenir les révolutions qui se sont engagées tour à tour en Tunisie, en Égypte ou encore en Libye, et dont l'onde de choc s'est propagée dans tout le monde arabe ; pour dénoncer l'insupportable division du monde en deux blocs, que les néoconservateurs américains ont organisée après les attentats du 11 septembre 2001, et qui, des interventions militaires en Afghanistan, puis en Irak, alimente depuis le terrorisme qu'elles prétendaient combattre.

Et pourtant, non. Quand les révolutions en Tunisie et en Égypte ont fait tomber les dictatures qui sévissaient dans leur pays, quand, en Libye, Kadhafi a lâché ses sbires pour mater la rébellion dans le sang et terroriser son peuple, les socialistes français – et, au-delà du PS, une bonne partie de la gauche – est restée longtemps inaudible.

Oui, le va-et-vient est tristement instructif. Dans les années soixante-dix, d'immenses manifestations avaient périodiquement lieu en France pour soutenir de grandes causes. Tour à tour contre « l'impérialisme américain » et la « sale guerre du Vietnam », contre le coup d'État au Chili puis contre la répression, contre la répression en URSS et les hôpitaux psychiatriques spéciaux, pour libérer le mathématicien russe Leonid Plioutch et tant d'autres encore... Mais, dans la France d'aujourd'hui, on ne manifeste plus guère massivement. On a de la compassion, sûrement, mais on n'engage plus de grande initiative. Pas de dynamique unitaire, pas d'enthousiasme collectif en soutien aux révolutions démocratiques arabes...

Alors que, tout récemment, le peuple libyen comptait ses morts, face à l'armée et aux mercenaires de Kadhafi, alors qu'Obama tergiversait tout autant que les dirigeants européens, qu'a entrepris la gauche française pour manifester son soutien ? Durant des semaines, rien ! Pas d'initiatives communes, pas d'appel à des manifestations de soutien, pas d'appel à une solidarité de toutes les gauches européennes ! La gauche déplore mais n'agit pas, ou à la marge. Elle ne proclame pas haut et fort, comme pendant la guerre civile espagnole, qu'elle s'en tiendra au principe de non-ingérence. Mais cela revient pratiquement au même, si ce n'est pire : une indifférence face à la barbarie...

On connaît le résultat de tout cela. Embourbé dans une cascade de scandales et de connivences avec des régimes aussi tyranniques que corrompus – le scandale, en 2007, de la réception de Kadhafi en grande pompe à l'Élysée, celui des vacances tunisiennes de Michèle Alliot-Marie à la fin de l'année 2010, celui du lobbying honteux de son compagnon Patrick Ollier, en Libye –, Nicolas Sarkozy a pu chercher à se refaire une virginité en lançant les hostilités militaires contre le tyran libyen. L'évanescence de la gauche lui a grandement facilité cette galipette diplomatique.

Leur attitude est même peut-être plus préoccupante encore. A-t-on en effet entendu les socialistes français dire que la guerre d'Afghanistan n'était pas la leur ? Non. Dans leur convention pour définir une nouvelle politique extérieure, préparée par Jean-Christophe Cambadélis, un proche de Dominique Strauss-Kahn, les dirigeants socialistes se sont limités à dire que l'armée française « n'avait pas vocation » à rester dans ce pays. De l'eau tiède... Quant à l'adhésion de la France à l'OTAN, décidée à la va-vite comme à son habitude par Nicolas Sarkozy, elle n'a donné lieu à aucune vraie protestation ni critique des socialistes, en dépit de la rupture profonde qu'elle induisait dans la politique étrangère et de défense de la France, désormais sous influence américaine.

Le bilan des « 110 propositions » a tout autant valeur de mise en garde pour la politique économique et sociale. Non pas qu'il faille idéaliser ce qui s'est passé en 1981 : organisant une politique de relance à contretemps, les socialistes ont très vite heurté le mur de la contrainte extérieure et ont dû négocier le calamiteux virage de la « rigueur ». Il n'en reste pas moins qu'il y avait, en 1981, un souffle, une volonté, une part de rêve collectif qui, de nos jours, sert immanquablement de point de repère. Car ce tournant de la « rigueur » est douloureux comme une plaie qui n'a jamais véritablement cicatrisé. Lionel Jospin avait annoncé à l'époque qu'il s'agissait seulement d'une « parenthèse », mais, en réalité, celle-ci ne s'est jamais refermée.

Là sans doute plus qu'ailleurs, le va-et-vient prend donc tout son sens. Il interpelle les socialistes sur leurs véritables intentions, dans l'hypothèse de leur victoire à l'élection présidentielle, qui est encore loin d'être assurée. Pour revenir au pouvoir, encore faudrait-il qu'ils se mettent à nouveau à l'écoute de la société et qu'ils provoquent et agrègent, comme en 1981, une dynamique sociale et éthique.

Quelle politique budgétaire, par exemple, conduiraient-ils ? En 1981, les socialistes eurent le courage de conduire une politique favorable à la demande. Multipliant pendant quelques mois les mesures en faveur des classes sociales les plus modestes, ils n'eurent pas cette détestation que les libéraux éprouvent à l'encontre de la dépense publique et au-delà de tout ce qui touche à l'intérêt public.

Puis, soudain, leur mouvement s'est inversé. Après le tournant de la rigueur, les socialistes ont engagé une course sans fin vers le moins d'État. Il y eut, sous le prétexte de l'avancée vers l'euro, l'acceptation des fameux critères de convergence du traité de Maastricht. Puis l'acceptation du Pacte de stabilité – bien que Lionel Jospin eût dit, avant 1997, que les socialistes n'y souscriraient jamais, car c'était du « super-Maastricht ». Dans cette voie de la rigueur perpétuelle, les deux ministres des Finances successifs, Dominique Strauss-Kahn et Laurent Fabius, firent du zèle, préconisant un retour à l'équilibre budgétaire que seuls les ultralibéraux recommandaient dans le passé.

Alors, quel serait le chemin des socialistes pour l'après-2012 ? Si l'Europe est à reconstruire, sur quelles disciplines proposeraient-ils de le faire ? L'interpellation est d'autant plus importante que l'un des candidats putatifs aux primaires socialistes, Dominique Strauss-Kahn, est aussi le directeur général du Fonds monétaire international, qui, ces derniers mois, supervisa des plans sociaux violemment réactionnaires dans de nombreux pays d'Europe, à commencer par la Grèce. Des plans qui ne sont guère critiqués par les autres hiérarques socialistes, à quelques exceptions près, notamment Arnaud Montebourg.

Autre interpellation : quelle serait la politique fiscale de l'après-2012 ? Là encore, la référence aux « 110 propositions » est intéressante. Par-delà les modalités des réformes préconisées à l'époque, on sent bien quelle était la volonté des socialistes : utiliser l'impôt comme un outil de redistribution, pour combattre les inégalités sociales face aux revenus, comme les inégalités sociales, plus considérables, face au patrimoine.

Aujourd'hui, on pourrait avoir le sentiment que les socialistes ont choisi de renouer avec le souffle social de 1981. Après avoir longtemps cédé aux sirènes libérales et abaissé l'impôt, y compris en faveur des plus riches, tous préconisent désormais une « révolution fiscale » – le projet socialiste ne répugne pas à user de la formule. Cependant, il faut voir au-delà du consensus car, en fiscalité comme en de nombreux domaines, le diable se niche dans les détails. Sous des intentions généreuses peuvent se loger parfois des conservatismes ou certaines habiletés. Il suffit, pour s'en convaincre, de regarder comment ont été accueillies, par les socialistes, les propositions de réforme formulées par l'économiste Thomas Piketty, notamment celle visant à fusionner l'impôt sur le revenu et la contribution sociale généralisée, en assortissant ce nouveau prélèvement d'un barème progressif. François Hollande, pour ne citer que de lui, a ainsi jugé que les taux d'imposition proposés par l'expert risquaient de frapper trop durement les contribuables les plus fortunés.

Au passage, reprenant une idée ancienne de Dominique Strauss-Kahn, il a suggéré qu'à l'avenir, l'impôt de solidarité sur la fortune (ISF) pourrait devenir déductible des droits de succession. Ce qui serait un moyen à peine déguisé de faire disparaître l'impôt fétiche de la gauche. Et de diminuer les droits de succession. Une réforme qui serait à l'avantage des plus riches...

Bref, il n'est pas encore acquis que l'esprit de 1981 serait de retour...

La question de la propriété publique ou des services publics soulève des interrogations du même type. Car, en 1981, les socialistes eurent le courage d'avancer à contre-courant du consensus ambiant et de nationaliser des secteurs clefs de l'économie. Puis la vague libérale fit, là encore, son office. Les socialistes furent contaminés à leur tour par la fièvre des privatisations. Même s'ils refusent souvent de regarder en face ce triste bilan, ils furent contaminés plus gravement que d'autres, puisque, entre 1997 et 2002, ils ont plus privatisé que tous les gouvernements précédents. Ce sont là encore Lionel Jospin et ses deux ministres des Finances successifs, Dominique Strauss-Kahn et Laurent Fabius, qui en portent la responsabilité. Tout y est passé, des autoroutes à France Télécom, qui devait rester à 100 % public au motif qu'il s'agissait d'un service public.

Alors, avec trente ans de recul, on est bien contraint de constater que les socialistes d'aujourd'hui n'ont pas la fougue d'hier. Car si plus grand monde n'évoque la nécessaire nationalisation d'un groupe privé qui produit de l'aluminium ou de la parapharmacie, la question des services publics – et de leur défense – devrait à tout le moins faire l'unanimité. Surtout, la crise de ces dernières années a mis en évidence le rôle pernicieux des grandes banques privées qui, délaissant ce que devrait être leur première mission – le financement de l'économie –, se lancent plus volontiers dans des spéculations pour leur compte propre et contribuent fortement aux dérèglements de la planète financière. Faut-il donc envisager une renationalisation du secteur bancaire, comme le suggèrent des personnalités comme Jacques Julliard, qui vient de la seconde gauche, celle qui précisément n'avait pas une franche sympathie pour le contrôle par l'État ? Ou bien faut-il constituer un grand pôle bancaire public, assumant des missions d'intérêt général, autour de La Poste ? Jusqu'à présent, les socialistes n'ont rien fait pour porter un projet de ce type, qui rompe radicalement avec les logiques anciennes, celles du toujours moins d'État et de toujours plus de marché.

Dans le domaine de la politique sociale, les constats qu'inspire cet inventaire sont encore plus cruels. Lorsque l'on redécouvre la proposition 22 – « Le contrat de travail à durée indéterminée redeviendra la base des relations du travail » –, on se prend à penser que le monde de 1981 s'est décidément effondré, abandonnant la place à un monde plus brutal, et plus injuste. Parce que le capitalisme a fait peau neuve et que le capital exerce une véritable tyrannie sur le travail ; parce que depuis deux décennies la droite a multiplié les mesures de déréglementation du travail.

Terrible constat. S'il y a une proposition qui a été jetée aux oubliettes, c'est bien celle-là. À cause de la multiplication de ce que les statisticiens nomment pudiquement les formes particulières d'emploi – en clair les emplois en intérim (un emploi sur deux désormais dans l'automobile), les emplois à temps partiel, les CDD, les emplois précaires en tous genres. Terrible constat qui est venu nourrir la colère ouvrière et populaire, celle des classes moyennes aussi et qui, malheureusement, alimente le vote protestataire en faveur du Front national.

À la veille de l'élection présidentielle, il faut avoir le courage de dire ce qui est : dans cette terrible évolution, les dirigeants socialistes portent aussi leur part de responsabilité. Ils ont contribué à développer les emplois précaires, favorisé le développement du travail à temps partiel... Martine Aubry est, hélas, bien placée pour le savoir. Ministre du Travail en 1992, c'est elle qui a pris les premières mesures d'allégement de charges sociales pour favoriser l'extension du travail à temps partiel. De nouveau ministre du Travail dans le gouvernement de Lionel Jospin, de 1997 à 2002, elle a envisagé par deux fois de soumettre au Parlement un projet de loi visant à taxer les entreprises qui recourraient exagérément au travail précaire. Et, par deux fois, le projet de loi a été... abandonné.

De ce renoncement à l'une des plus célèbres des « 110 propositions », cumulé avec maintes autres reculades ou concessions – flexibilité du travail et blocage des salaires induits par les 35 heures, notamment –, s'est accru au fil des années, dans les classes sociales les plus modestes, le sentiment d'être délaissé, abandonné, voire méprisé ou trahi, par ceux qui étaient politiquement censés les représenter. De ce sentiment d'abandon est apparu le vote protestataire. Le séisme du 21 Avril, c'est d'abord celui-là. La présence du Front national au second tour de la présidentielle s'est produit parce que la gauche, et en premier lieu les socialistes, ont laissé s'installer entre eux et les classes les plus défavorisées du pays un fossé d'incompréhension et de colère. Parce que les socialistes ont en partie tourné le dos à leur plate-forme de 1981.

Au travers du prisme qu'offre cette plate-forme, la question centrale de 2012 saute aux yeux : ce fossé, les socialistes sont-ils enfin décidés à le combler pour faire front avec les autres composantes de la gauche ? Leur parti se met-il en position d'être le meilleur des porte-voix des 7 millions d'ouvriers que la France compte toujours, des 8 millions d'employés, des quelque 3 millions de chômeurs qui ne retrouvent pas d'emploi, des 8 millions de pauvres recensés par les statistiques officielles ? Aspire-t-il à redevenir, aux côtés des autres partis de gauche, le porte-parole de ceux qui ont peu ? Veut-il devenir ou redevenir ce qu'il n'aurait jamais dû cesser d'être : le parti de la résistance à la précarité et à la flexibilité, le parti de la transformation sociale ?

C'est l'invitation qui, de manière à peine subliminale, découle de cette relecture des « 110 propositions ». L'invitation à un sursaut, et vite.

Car, de 1981 à 2011, il n'y a pas eu que des accommodements ou des renoncements. Le Parti socialiste s'est considérablement transformé. Parti de militants, il est aujourd'hui un parti de notables, que l'exercice du pouvoir a souvent bouleversé. Il faut le dire, parce que c'est incontestable : le PS s'est embourgeoisé. En certains cas, l'évolution est même plus grave : défections en cascade de dirigeants socialistes qui, goûtant au confort et aux vertiges du pouvoir, sont passés sans le moindre scrupule dans le camp adverse, pour mendier qui un poste, qui une mission. D'innombrables hauts fonctionnaires qui se disaient de gauche et qui, profitant d'une privatisation ou d'une offre dans le privé, ont renoncé à toutes leurs attaches pour profiter de tombereaux de stock-options. Désolé de le dire ainsi, mais l'interpellation est légitime : que sont devenus tous les hauts fonctionnaires qui, dans les années antérieures, conseillaient Lionel Jospin, Dominique Strauss-Kahn ou encore Laurent Fabius, et qui ont modelé d'innombrables projets de loi ? La plupart n'ont plus qu'un seul parti, si l'on peut dire, celui de l'argent, et parfois celui de l'affairisme. Ce qui leur permet de croquer qui une entreprise, qui un journal. Tous ceux qui sont restés du côté de l'intérêt général se comptent à présent sur les doigts d'une main, au sein de l'État ou de grands organismes comme la Caisse des dépôts. Cela dit bien des choses, même en creux, au sujet de ce qu'est devenu le Parti socialiste, du moins du côté de sa direction et de ses cadres.

Ce va-et-vient d'une époque à l'autre fait naître une autre interpellation – sans doute la plus importante de toutes : le Parti socialiste sortira-t-il enfin de cette culture présidentialiste ? Quand il est arrivé au pouvoir, en 1981, François Mitterrand charriait avec lui un immense espoir démocratique : il allait mettre à bas les institutions violemment antidémocratiques de la Ve République, qui sont l'aboutissement du coup d'État réalisé par le général de Gaulle en 1958. Qui en doutait ? Puisque, en 1964, Mitterrand avait dénoncé dans un célèbre pamphlet « le coup d'État permanent » – c'est le titre de son opuscule –, il allait forcément y mettre un terme et renoncer pour lui-même à ce système de monarchie républicaine à l'origine de tant de dérives et d'abus de pouvoir.

Au soir du congrès national extraordinaire du Parti socialiste qui se tint le 24 janvier 1981 à Créteil, le jour même de l'adoption de ces « 110 propositions », François Mitterrand lançait d'ailleurs un appel solennel qui, trente ans plus tard, sous le régime de Nicolas Sarkozy, prend une singulière résonance : « Chers camarades, il faut sauver la République. Oh ! Nous ne sommes pas en dictature, combien de fois l'ai-je répété, mais nous ne sommes plus tout à fait en République (...) Disons que nous vivons sous une sorte de monarchie qui ne serait même plus constitutionnelle ! Un Président tout-puissant qui tient tout dans ses mains et qui, semble-t-il, aime ça. Le gouvernement de la France, dont la Constitution de 1958 nous dit qu'il existe... qu'il existe si bien qu'il devrait normalement "conduire les affaires du pays", qu'est-ce qu'il est devenu, le savez-vous chers camarades ? Quel est le Premier ministre ? Quels sont ses ministres ?... Soyons justes... Le Premier ministre on le voit, mais à quoi sert-il ? (...) Mais le gouvernement de la France aujourd'hui disparu, effacé derrière le pouvoir du président de la République, ce n'est pas pour cela, chers camarades, que je suis candidat ! »

On sait malheureusement ce qu'il advint de la promesse : à son tour – et même plus qu'à son tour –, François Mitterrand profita de ce système du « coup d'État permanent », avec toutes les dérives inhérentes au pouvoir absolu : nomination d'amis à tous les postes clefs, cellule des gendarmes de l'Élysée, mépris du Parlement et de tous les autres contre-pouvoirs... Et, de réforme des institutions, il n'y en eut qu'à la marge, comme l'a lucidement relevé en février 2011 Pierre Joxe, qui était pourtant un fidèle : « Mitterrand a pris la lourde responsabilité de ne pas profiter de son pouvoir pour transformer la République. »

Aujourd'hui, où en sommes-nous ? Inquiets de l'état démocratique dans lequel le président Sarkozy pourrait laisser la France, lui qui a usé avec plus d'exagération encore de ce système de pouvoir personnel, et désireux d'œuvrer enfin à une véritable fondation démocratique, les socialistes sont-ils déterminés à dépasser les atermoiements de Lionel Jospin et à avancer vers une VIe République ? On connaît déjà malheureusement la réponse : pour l'heure, les socialistes semblent être tombés d'accord sur le plus petit dénominateur commun. Une réforme a minima, comprenant des petites avancées, tempérées par une grosse frilosité.

Enfin, les « 110 propositions » de 1981 sont une œuvre collective : c'est une compilation de mesures disparates, issues du programme commun ou des résolutions des derniers congrès, votées par les délégués socialistes. C'est en somme un programme qui synthétise dix années de travail collectif au sein du Parti socialiste, et entre le PS et ses partenaires de gauche. Quand il fut adoubé par les socialistes comme par leur candidat, le 24 janvier 1981, François Mitterrand portait donc un projet très précis. Et, en cela, il s'écartait de la tradition monarchique de la Ve République, qui veut que l'élection présidentielle soit la rencontre entre un candidat et le pays.

Or, ce projet collectif, sans lequel il n'y a pas de dynamique, pas de démocratie véritable, les socialistes s'en sont ensuite souvent éloignés, voire détournés. rejoignant l'ornière bonapartiste. En 1988, François Mitterrand se présenta pour un second mandat avec pour seul engagement une pâlichonne « Lettre à tous les Français », sur laquelle les socialistes ne furent pas consultés. En 2002, Lionel Jospin suivit à peu de chose près la même démarche : il rédigea lui-même un projet présidentiel fait de bric et de broc, en piochant dans les professions de foi libérales de Dominique Strauss-Kahn et de Laurent Fabius, qui, à l'époque, se livraient à une surenchère social-libérale. Dans une formule tristement célèbre, Lionel Jospin en fit l'aveu : « Mon projet n'est pas socialiste. »

Pour 2012, il est à craindre qu'un scénario similaire se dessine. Depuis plusieurs mois, les socialistes sont en conclave et, de conventions en colloques, crayonnent ce que sera leur projet présidentiel. Cependant, l'exercice reste en partie fictif puisqu'il a été décidé que ce projet n'engagera pas formellement le candidat qui sera désigné à l'issue des primaires socialistes. Il pourra venir y puiser à sa guise, mais sans y être tenu. Il pourra même, s'il le souhaite, s'en écarter. Le présidentialisme, encore et toujours :

le projet socialiste ne sera pas obligatoirement le projet présidentiel.

Les « 110 propositions » ont valeur de rappel. Nulle nostalgie ! Aussi brouillonnes furent-elles, elles reposaient sur un projet tout d'abord collectif. Elles avaient un souffle, celui du réformisme radical. Et portaient un formidable espoir.

Mieux que cela. Elles étaient d'abord le reflet d'une dynamique. Depuis 1968, toute la société était en mouvement, et si le parti gaulliste était parvenu, tant bien que mal, à endiguer cette lame de fond, celle de la contestation étudiante et de la grève générale, il n'obtint en réalité qu'un sursis. La force de ces « 110 propositions » fut donc d'abord d'exprimer, même maladroitement, ce qui cheminait dans tout le pays : l'aspiration à moins d'autoritarisme, à moins d'inégalités. Oui ! La force de cette plate-forme fut de surfer sur cette formidable dynamique collective, qui mit le pays en mouvement, pour une société plus juste.

De cela, on peut avec le recul certes sourire. Puisque, dans leur souci d'être à l'écoute de la société, les socialistes allèrent, en 1981, jusqu'à consigner dans leur programme certaines revendications qui aujourd'hui peuvent paraître mineures ou dépassées, comme la suppression de la vignette moto – à l'époque très populaire auprès de nombreux jeunes. On aurait tort pourtant de traiter cela par la dérision ou l'ironie. Car c'était la preuve que les socialistes avaient alors d'abord le souci d'entendre ce que voulait le pays. Et s'ils ont gagné en 1981, s'ils ont balayé les manœuvres de division du Parti communiste, c'est d'abord parce qu'ils ont su surfer sur une formidable dynamique, celle du mouvement social, celle d'un mouvement qui affectait toute la société.

C'est la principale leçon de ces « 110 propositions » : la gauche ne peut gagner que si, portant le rêve d'une transformation sociale, elle sait enclencher une dynamique. Pas des manœuvres d'appareil ou des accords au sommet, non, une dynamique sociale et éthique : il n'y a de victoire de la gauche que si le peuple entre en mouvement.

Trente ans après, il n'est pas trop tard pour que les socialistes tournent le dos à leurs habituelles petites cuisines et renouent avec ce rêve, qui devrait être celui de toute la gauche, dans toutes ses composantes, réformiste ou radicale : « Changer la vie » !

Laurent Mauduit

Table

RÉALISATION : NORD COMPO À VILLENEUVE-D'ASCQ
IMPRESSION : CPI FIRMIN-DIDOT
DÉPÔT LÉGAL : MAI 2011. N°105416 (104639)
Imprimé en France